Nina Foditsch

HEAL

Pferde als Wegbegleiter durch dein Leben

novum ◢ pro

Dieses Buch ist auch als
e-book
erhältlich.

Bibliografische Information
der Deutschen Nationalbibliothek:

Die Deutsche Nationalbibliothek
verzeichnet diese Publikation in
der Deutschen Nationalbibliografie.
Detaillierte bibliografische Daten
sind im Internet über
http://www.d-nb.de abrufbar.

Gedruckt in der Europäischen Union
auf umweltfreundlichem, chlor- und
säurefrei gebleichtem Papier.

© 2025 novum publishing gmbh
Rathausgasse 73, A-7311 Neckenmarkt
office@novumverlag.com

ISBN 978-3-7116-0612-9
Lektorat: Nadja Diem
Umschlagabbildungen: Gulnara
Mirgunova l Dreamstime.com;
Jessica Friesenbichler
Innenabbildungen: Jessica Friesenbichler
Umschlaggestaltung, Layout & Satz:
novum Verlag

www.novumverlag.com

Druckprodukt mit finanziellem
Klimabeitrag
ClimatePartner.com/16547-2311-1001

„Wenn ihr in einem Pferd oder einem anderen Menschen etwas Unvollkommenes entdeckt, wenn ihr dann den Gedanken an die Vollkommenheit wachruft und eure Liebe und eure eigene Macht, Vollkommenheit zu realisieren, in die Welt des anderen einströmen lässt, dann werdet ihr ihm einen Dienst erweisen, von dem ihr nicht einmal zu träumen vermögt.“ – Saint Germain

Dieses Buch widme ich Anastazya und Hidalgo. Anastazya hat mir wichtige Lektionen fürs Leben beigebracht und unvergessliche magische Momente geschenkt. Hidalgo hat das Werk vollendet.

Inhaltsverzeichnis

Die Seele des Pferdes 11
Die Pferde an meiner Seite 13
Bewusstsein 16
Ausbeutung 19
Berührungen 21
Just Heal 22
Was sind nun positive oder negative Energien? 23
Das energetische Feld 26
Unsere Heilkräfte 27
Emotionaler Aufbruch 28
Der Moment der Wahrheit 31
Haltung 33
Jungpferde 39
Auswirkung von Stress beim Pferd 41
Die Umgebung und ihre geopathische Auswirkung 44
Geopathie und ihre Auswirkung 45
    E-Smog 46
    Magnetische Felder 47
    Elektrische Wechselfelder 47
    Geologischer Bruch 47
    Wasseradern 48
Energetische Atmosphäre 49
Wetter und Jahreszeiten 53
Zurück zum Ursprung 54
Schlechtes bis gar kein Futter 56
Auswirkungen von Silage und Heulage 57
Naturnahe Fütterung 59
    Stroh 60
    Hafer 61
    Gerste 61
    Laub, Äste, Blätter 62
    Kräuter 64

Schlafmangel bei Pferden 67
   Alternative Maßnahmen 69
   Auswirkungen von Schlafmangel 70
Der Umgang mit Pferden 71
Die Angst in unserem Leben 75
Pferde – der Spiegel unserer Seele 77
Gedanken 83
   Übung 85
Verbindung zu deinem Pferd 86
Mensch vs. Pferd 90
Gehen wir Menschen noch Risiken ein? 96
Das Innere Kind 98
Aus dem Leben 104
Das Risiko zu lieben 107
Die Behandlung 111
Übersicht der Chakren 112
   1. Chakra – Wurzelchakra 114
   2. Chakra – Sakralchakra 116
   3. Chakra – Solarplexus 118
   4. Chakra – Herzchakra 120
   5. Chakra – Halschakra 122
   6. Chakra – Stirnchakra 124
   7. Chakra – Kronenchakra 126
Intuitiv 130
Minimale Reaktionen 131
Mittelstarke Reaktionen 132
Wahrnehmung der Chakren 136
Farben für die Harmonisierung 139
   Die Wirkung der Farbe ROT 139
   Die Wirkung der Farbe GRÜN 140
   Die Wirkung der Farbe VIOLETT 141
   Die Wirkungen der Farbe INDIGO 142
   Die Wirkung der Farbe BLAU 143
   Die Wirkung der Farbe ORANGE 144
   Die Wirkung der Farbe ROSA 145

Die Wirkung der Farbe GELB 146

Die Wirkung der Farbe TÜRKIS 147

Wirbelsäulenaufrichtung 149

Wenn der Körper Nein sagt 150

Arthrose – Festhalten an Altem,
mangelnde Flexibilität 151

Gastritis – Unverdaute Emotionen, Stress,
unterdrückte Aggression 151

Dickdarmstörungen – Unfähigkeit,
Belastendes loszulassen 152

Herzschwäche – Mangel an Freude,
seelische Erschöpfung 152

Asthma – Eingeschränkte Freiheit,
unterdrückte Emotionen 152

COBD (Chronisch Obstruktive Bronchitis) –
Ersticken an ungelösten Themen 153

Hufrehe – Überlastung, fehlende Verwurzelung 153

Hautprobleme (Ekzeme) – Abgrenzungsprobleme,
seelischer Druck 154

Fühle den Rhythmus 154

Was passiert bei einem Ausgleich? 156

Was ein Ausgleich nicht bedeutet 157

Leben vs. Tod 158

Quellenverzeichnis 163

Die Seele des Pferdes

„Es ist der Geist, der sich den Körper baut." – Goethe

Es waren die Pferde, die mich schon immer auf meinen Weg durchs Leben begleitet haben. Sie waren es, die mich in vielen traurigen Momenten meines Lebens wieder Hoffnung und Mut gegeben und mich vor dem Untergang bewahrt haben.

Für mich war es vollkommen normal, mein Gegenüber intensiv wahrzunehmen. Mit intensiv meine ich, dass ich alles, was mein Gegenüber ausstrahlte, spürte. Jeden Gedanken, jede Verspannung spürte ich so intensiv, dass ich kaum noch wusste, ob dies zu mir gehörte oder nicht. Ich spürte manche Symptome körperlich, und manche Gedanken waren so präsent, als wären sie meine eigenen Gedanken. Daher war es auch ganz normal für mich, mit den Tieren um mich herum zu kommunizieren. Ich sah auf den ersten Blick, ob sie traurig waren oder mir etwas mitteilen wollten. So wie auch dieser eine braune Wallach, dem ich mit meiner Familie begegnete. Ich empfand die Präsenz und das Wissen von Pferden als magisch. Es waren in meiner Kindheit und Jugendzeit die Pferde, mit denen ich mich wohlgefühlt habe und durch die ich mich selbst sehen konnte. Dieser braune Wallach war wunderschön, und ich konnte nicht anders, als ihm beim Grasen zuzusehen und ihn zu spüren. Er nahm mich sofort wahr und lief an den Zaun. Es war – wie so oft – ein magischer Moment. Viele der anwesenden Person verstanden nicht, was ich nun tat. Ich kommunizierte mit ihm und ich spürte, dass es ihm nicht gut ging. Er war sehr einsam und allein, und er war froh, dass ihm endlich jemand zuhört und ihn wahrnimmt. Ich streichelte sein Fell ganz sanft und vorsichtig, denn er reagierte sehr empfindlich auf Berührungen. Der Moment war sehr intensiv und prägte mich für mein ganzes Leben, denn der Wallach überschüttete mich mit Liebe und Dankbarkeit.

Ich fragte meine Familie, ob wir ihm nicht helfen könnten, da er unglücklich war und er lieber woanders sein wollte. Doch sie verstand nicht, wie ich auf solche Gedanken kam und warum ich überhaupt so etwas sagte, denn es war ja einfach nur ein Pferd.

Dieser Moment und viele andere Momente waren für mich sehr schmerzlich, denn ich wiederum verstand nicht, warum meine Familie das, was ich wahrnahm, nicht wahrnahm. Und warum sie das, was ich spürte, nicht spürte.

Es gibt viele Menschen auf dieser Erde, die die gleichen Fähigkeiten haben wie ich. Bei vielen ist das Hellwissen ausgeprägt, manche sind hellhörig und hören die Rufe, das Flehen ihres Umfelds. Andere wiederum sind feinfühlig und spüren, was in ihrem Gegenüber vor sich geht. Die Begriffe hellhörig, hellfühlend und hellwissend beschreiben besondere Formen intuitiver Wahrnehmung, die über die gewöhnlichen Sinne hinausgehen. Hellhörigkeit ist die Gabe, Botschaften, Klänge oder Schwingungen wahrzunehmen, die anderen verborgen bleiben. Es ist, als ob du eine Antenne für die leisen Stimmen des Universums hast. Hellfühlen ist die Fähigkeit, Emotionen, Energien oder Stimmungen auf einer tiefen, intuitiven Ebene zu spüren. Du fühlst nicht nur deine eigene Welt, sondern auch die von anderen – manchmal wie einen warmen Sonnenstrahl, manchmal wie ein kühles Zittern. Hellwissen ist eine plötzliche, klare Einsicht, die wie aus dem Nichts auftaucht, aber tiefes Vertrauen in sich trägt. Es ist, als ob du Informationen direkt aus der Quelle des Lebens erhältst, ohne zu wissen, wie. Dieses Wissen ist unmittelbar und präzise – eine Art inneres GPS, das dich durch Entscheidungen leitet. Ich bin überzeugt davon, dass jeder von uns eine dieser besonderen Fähigkeiten hat. Eine frisch gebackene Mutter weiß, wovon ich spreche, denn sie erkennt sofort, was ihr Baby benötigt, damit es ihm besser geht. Wir haben nur durch unser System, durch das schnelllebige Leben, das wir führen, aufgehört, diese Sinne anzunehmen und zu trainieren In unserer Geschichte wurde über Jahrtausende hinweg davor gewarnt, die Fähigkeiten der Intuition, des Hellwissens, des Hellhörens und des Hellfühlens offen auszuleben. Allein das Sprechen darüber konnte ausreichen, um mit dem Tod bestraft zu werden. Dies ist auch heute noch der Grund dafür, dass wir uns selbst nicht erlauben, über solche Situation oder Gaben zu sprechen. Die Angst davor, abgelehnt oder verstoßen zu werden, ist nach wie vor präsent.

Schon als Kind nahm ich mein Umfeld intensiv wahr. Wenn ich jemanden berührte, spürte ich genau, wie Energien flossen und meine Hände zu kribbeln begannen. Dies war ein Zeichen für mich, dass mein Gegenüber körperliche oder emotionale Dysbalancen hat. Da ich wegen meiner Gabe oft als verrückt abgestempelt oder ausgeschlossen wurde, lernte ich schnell, diese Impulse, die für mich ganz selbstverständlich waren, zu unterdrücken, denn niemand wollte das, was ich gesehen oder gehört hatte, sehen oder hören. Den Menschen war es unangenehm, wenn ich ihre Lügengeschichten aufdeckte oder sie auf gewisse Themen in ihrem Leben ansprach. So gut es ging habe ich das, was ich gefühlt, gesehen oder gehört habe, unterdrückt, im Stillen für mich geklärt und meinem Gegenüber, vor allem den Pferden, Heilenergien geschickt.

Die Pferde an meiner Seite

Als ich elf Jahre alt war, erfüllten meine Eltern mir meinen Traum: Ich durfte reiten lernen! Endlich konnte ich meinen Traum verwirklichen und den Pferden, die mir so viel bedeuteten, nahe sein. Ich begann in meiner Heimatstadt zu reiten. Zuerst nahm ich nur Reitstunden und verpflegte das Schulpferd. Ich lernte alles rund um das Pferd kennen – was ich vor und nach dem Reiten tun muss, wie man richtig putzt und vor allem, wie man mit einem Pferd umgeht. Ich erinnere mich noch genau an diesen Tag, als wäre er gestern gewesen. Als ich mehr mit dem Schulpferd namens Garfield zu tun hatte, spürte ich diese Impulse wieder stärker. Ich konnte diese Impulse – Garfields Rufe – nicht mehr länger unterdrücken. Ich spürte wieder stark, ob es diesem Pferd nun gut ging oder nicht und sagte einige Dinge wie: „Was hat die Stute denn, weil es ihr so schlecht geht?", „Warum fühlt sich dein Pferd so einsam?" oder „Dein Pferd mag es nicht, wenn du schlecht über ihn sprichst." Viele Besitzer konnten mit diesen Aussagen überhaupt nichts anfangen und wusste nicht, von was ich sprach, denn ihrem Pferd ging es ja gut; es hatte ja alles, was es benötigte.

Immer mehr nahmen die Menschen Abstand von mir. Viele mochten mich nicht für das, wie ich war und was ich sah. Sie grenzten mich aus – und ich verstand die Welt nicht mehr. Im Reitunterricht ging es immer härter zur Sache. Ich sollte die Füße mehr einsetzen, das Pferd treiben und dominanter reiten, doch ich fühlte, dass dies nicht richtig war. Ich spürte, dass das Pferd „Garfield" Schmerzen hatte und emotional und körperlich nicht mehr wollte und konnte. Und doch würde er alles tun für die Menschen, denn er würde es sich selbst nie verzeihen, wenn er versagte oder sein Reiter von ihm enttäuscht sein könnte. Es war für mich schrecklich mit anzusehen, wie er jeden Tag etwas trauriger auf mich wirkte. Ich unterdrückte immer wieder diese Impulse, obwohl ich so stark spürte, dass er Liebe und Zuneigung benötigte. Dass er einen Energieaustausch – oder Heilenergie – benötigte.

Eines Tages konnte ich die Situation nicht mehr mit ansehen. Ich konnte Garfield nicht mehr reiten, und ich sagte der Besitzerin, dass Garfield unter dem ganzen Stress litt und Rückenschmerzen hatte. Doch ich stieß auf Unverständnis; immerhin musste er vielen Kindern das Reiten beibringen und Garfield machte einen guten Job. Garfield war superbrav bei den Kindern, und wenn er wirklich nicht wollte, dann würde er das schon zeigen. Sie hätte schließlich schon viel länger mit Pferden zu tun als ich, und sie würde dies sofort sehen. Es tat mir im Herzen weh, nichts für Garfield tun zu können.

Solche Aussagen waren mir nicht unbekannt. Ich zweifelte an mir selbst und an meiner Wahrnehmung. Noch heute bin ich manchmal traurig darüber, dass ich nicht mehr für manche Pferde getan habe. Ich glaubte, ich sei falsch, und das, was ich wahrnehme, sei nicht richtig. Ich fühlte mich wie ein „Alien", der keinen Anschluss auf dieser Welt findet.

Ich habe mir schon vor langer Zeit versprochen – vor allem, als ich viele Ausbildungen gemacht habe, um das Pferd besser zu verstehen und ihm ganzheitlich helfen zu können –, dass eines Tages viele Reiter ihre Pferde auf eine ganz andere Art und Weise sehen und dadurch die Pferde ein viel harmonischeres, liebevolleres Zuhause haben würden. Ich wusste, das war auch mein spiritueller Weg, den ich gehen musste, um für die Pferde einen Beitrag zu leisten. Um der Welt zu zeigen, wie wundervoll Pferde eigentlich sind und sie es verdient haben, so wie auch wir Menschen behandelt zu werden – mit Ehrfurcht, Demut und Liebe.

Die Pferde waren die, die mich wieder lebendig fühlen ließen. Eine lange Zeit in meinem Leben habe ich mich abgestoßen und nicht gut genug gefühlt. Das, was ich spürte, war zu viel für mich. Ich habe mich komplett verschlossen. Mein Herz habe ich hinter einer Mauer versteckt, damit mir niemand mehr zu nahekommt. Ich konnte das Leben nicht mehr in mich lassen. Ich habe mich innerlich von meinem Umfeld abgegrenzt, damit niemand sieht, dass ich nicht gut genug bin. Die Menschen sollten nur das sehen, was ich ihnen zeigen möchte, meine guten Seiten. Ich war wie verloren und versteckte mich hinter einer Fassade. Im Außen wirkte ich wie die fröhliche, lustige Nina, doch innerlich kämpfte ich um mein Überleben.

Durch die Evolution und den Gedanken, ständig immer schneller, höher und weiter zu gehen, haben wir uns komplett von unserer inneren Weisheit – von unserer Intuition – entfernt. Es gibt keine Zeit mehr für Gefühle und Empathie. Weg von der Spiritualität zu mehr egoistischem Verhalten. Materielles Gut war begehrter als jemand, der einen mit allem, was man war, betrachtete. Doch genau das ist die Richtung, die wir nun häufiger wieder einschlagen. Viele hören den Ruf ihrer Seele, die darum bittet, sich auf neue Wege zu begeben und alte Dogmen und Glaubenssätze zurückzulassen. Vieles, das immer wieder unterdrückt wurde, möchte einen Platz in unserem Leben haben. Der Ruf des inneren Wachstums, denn dies ist der Weg, den wir alle gehen sollten.

„Erst die völlig freie kreative Erfahrung unseres Wesens lässt die tiefe Essenz unseres Seins in all ihren mannigfachen Formen zum Ausdruck bringen. Gelingt es uns, Anschluss zu jener in uns allen vorhandenen schöpferischen Urkraft zu finden, können nicht nur Heilungsvorgänge Teil eines natürlichen Prozesses werden, sondern es wird auch eine neue Selbstverständlichkeit zur Erfahrung des eigenen Selbst erwachen. Die Leerheit des Geistes wird die Fülle des Lebens gebären. Eine Geburt im Hier und Jetzt." – Vishwamitra

Bewusstsein

Unser körperliches System wird von unseren inneren, bewussten Überzeugungen und Prägungen gelenkt, nicht umgekehrt. Unser Glaube und unsere Vorstellungen bestimmen die Erfahrungen, die wir im Leben machen. Das bedeutet, dass wir aufgrund unserer bewussten oder unbewussten Gedanken oft selbst für das verantwortlich sind, was wir erleben. Es mag hart klingen, aber niemand von außen kann uns unsere Gedanken einpflanzen. Wir selbst sind es, die das, was wir im Außen sehen, in uns bestätigen und uns sagen: „Niemand sieht mich." oder „Ich bin ein Nichts." Der Druck auf unseren Schultern oder der Ärger, den wir empfinden, sind Konstrukte, die wir selbst anerkennen und zulassen – und dadurch manifestieren sie sich in unserem Leben. Erst wenn wir akzeptieren und anerkennen, dass wir zu einem Teil selbst dafür verantwortlich sind, kann eine Veränderung stattfinden und wir übernehmen Verantwortung für das, was ist.

Sind wir uns bewusst darüber, dass wir unsere Erlebnisse, (Vor-) Urteile, Einstellungen, Eindrücke und Verhaltensweisen verändern können, werden wir auch erkennen, dass wir von dem, was wir glauben, sehr oft in unserem Leben eingeschränkt werden und uns selbst in ein Gefängnis sperren. Dieses Gefängnis nimmt uns oft die Luft zum Atmen. Du kennst bestimmt diese Situationen in deinem Leben, in denen du am ganzen Körper spürst, dass etwas nicht stimmt. Du hinterfragst in diesem Moment das, was du tust, und erkennst, dass deine innere Wahrheit eine ganz andere ist als die Realität, die du gerade lebst.

Ich hatte in meinem Leben einige Prägungen, die mich sehr stark daran hinderten, das Leben zu verwirklichen, das ich wirklich haben wollte. Meine Eltern führten eine komplizierte Beziehung. Mein Vater war die meiste Zeit auf Montage im Ausland, schon fast von Beginn an, als meine Mutter mit mir schwanger war. Meine Mama war bei uns Kindern zu Hause, solange sie konnte. Es gab viele Höhen und Tiefen in der Beziehung meiner Eltern. Wir alle litten darunter, dass unser Vater nur selten zu Hause war und wir ihn eigentlich kaum kannten, so wie auch er uns kaum kannte. Dies prägte mich als Kind sehr und ich habe mir damals geschworen, dass ich niemals einen Mann an meiner Seite haben wollte, der auf Montage fährt und selten zu Hause ist. Ich hätte immer gerne einen Vater an meiner Seite gehabt, der für mich der Fels in der Brandung war.

Ich war in einer glücklichen Beziehung und mein Partner und ich vervollständigen unsere Beziehung mit einem gemeinsamen

Kind. Ich wurde mit 22 Jahren schwanger. Das war dasselbe Alter, in dem meine Mama ihr erstes Kind bekommen hatte. Ich war im fünften Monat, als mein Freund und baldiger Papa auf Montage ging; es war der gleiche Zeitpunkt wie bei meiner Mama. Alles verlief reibungslos, bis ich eines Tages bemerkte, dass ich komplett das gleiche Leben führte wie meine Mama damals. Es fiel mir wie Schuppen von den Augen. Durch die Prägung, die ich als Kind erfahren habe, konnte ich nur das Leben, diese Erfahrungen, diese Realität kreieren, die ich kannte. Ich hatte meine damaligen Handlungen und Gedanken nicht hinterfragt – und nahm mir selbst somit die Freiheit, etwas anderes zu wählen. Nicht nur mir selbst nahm ich die Freiheit, etwas anderes zu wählen, sondern auch meiner Familie und meinem Freund. Ich war bis zu diesem Zeitpunkt in einem endlosen Kreis gefangen. Erst als ich erkannte, welches Leben ich hier führte und dass ich alten Prägungen und Mustern folgte, die meiner Wahrheit nicht entsprachen, konnte ich den Mut aufbringen, mein Leben zu verändern. Innerhalb von wenigen Wochen hatte mein Freund einen anderen Job.

Du fragst dich bestimmt, warum ich dir hier davon erzähle. Ich möchte dich daran erinnern, dass du der Schöpfer bist in deinem Leben. Du darfst das, was du tust, siehst oder spürst, hinterfragen und zu dir selbst vollkommen ehrlich sein und dich fragen, ob dies nun wirklich deine Wahrheit über das Leben ist. Viele, die ein „schlechtes" Leben haben, können nichts anderes tun, als ständig über den Mangel – das „Schlechte" in ihrem Leben – zu sprechen. Dadurch verhärten sie ihren Zustand, denn die Kraft der Gedanken und des Geistes kann nicht nur heilen, sondern auch zerstören.

Dies gilt auch bei unseren geliebten Pferden. Viele Reiter haben folgende Gedanken über ihre Pferde: „Ach, der Hengst verarscht mich doch nur!" oder „Die Stute ist schon wieder zickig." Auch unseren Pferden helfen diese Gedanken nicht. Im Gegenteil, auch sie sind durch diese Vorurteile nicht in der Lage, ihr vollles Potenzial zu zeigen. Hinter jedem Verhalten unserer Pferde steckt ein Zeichen – ein Hilferuf ihrer Seelen. Funktioniert etwas nicht oder verhalten die Tiere sich störrisch, sollten wir uns als Reiter hinterfragen, was wir selbst verbessern oder verändern können, damit das Pferd sich in dieser Situation wohler fühlt und sein volles Potenzial entfalten kann. Erst dadurch fühlen die Pferde sich gesehen und gehört.

- Was kannst du als Reiter verändern, damit sich die Situation zum Positiven wendet?
- Was ist erforderlich, damit ich selbst ruhiger und klarer in meiner Kommunikation bin?

Nicht das Pferd ist schuld, dass das Pferd sich weigert unter dem Sattel oder sich losreißt, sondern der Mensch, der in seiner Kommunikation – in seiner Körpersprache – unmissverständlich ist. Ordne dich neu, hole tief Luft und verändere deine Haltung gegenüber dieser Situation und deinem Pferd.

Ausbeutung

Mit dem Erwachen unseres Ich-Bewusstseins begann eine Welt der Trennung. Diese neue Perspektive ließ uns das Gefühl des Mangels erfahren – das Empfinden, dass etwas fehlt. Es war der Ursprung eines Denkens, das uns dazu brachte, uns selbst, unsere Mitmenschen und die Natur auszubeuten. Alles, was wir wahrnahmen, schien nur noch als Ressource zu existieren, die wir zu unserem Vorteil nutzen konnten.

Warum fühlten wir uns so? Durch das Bewusstsein von Trennung sahen wir uns als isolierte Wesen, losgelöst vom größeren Ganzen. Diese Isolation erzeugte Ängste, ein tiefes Gefühl der Bedürftigkeit und oft auch Gier. Anstatt uns eingebettet und verbunden zu fühlen, betrachteten wir uns und unsere Umwelt als Objekte, die kontrolliert und manipuliert werden mussten, um unsere vermeintlichen Bedürfnisse zu erfüllen.

Dieses Muster spiegelt sich bis heute in unseren gesellschaftlichen Systemen wider. Ob im Bildungssystem oder in der Arbeitswelt – wer nicht den vorgegebenen Anforderungen entspricht, wird ausgetauscht, ersetzt oder herabgestuft. Diese Haltung vermittelt unweigerlich das Gefühl, nicht wertvoll genug zu sein, und lässt viele von uns in emotionalen Krisen zurück.

Durch gesellschaftliche Strukturen und unsere Erziehung haben wir gelernt, von außen nach innen zu leben und unsere innere Wahrheit nicht ernst zu nehmen. Wir behandeln uns selbst und unser Umfeld als unser Eigentum. Durch diese Objektperspektive haben wir uns von uns selbst entfremdet und wir fühlen uns getrennt – eine Leistungsgesellschaft ist entstanden.

Du fragst dich bestimmt, warum ich das in diesem Buch schreibe. Wir behandeln auch Tiere so, als wären sie unser Objekt. Funktionieren sie nicht so, wie wir es haben möchten, werden mittelalterliche Methoden angewandt. Wir suchen nach äußerlichen Lösungen, damit das Pferd so funktioniert wie wir es haben möchten. Wir greifen zu Seilen, Schnüren oder nutzen Reflexpunkte, um das Pferd in eine bestimmte Haltung zu bringen. Wir beuten die Pferde bis aufs Letzte aus. Wir fühlen uns überlegen, geben ihnen kein Futter, kein Wasser und sperren sie in Boxen ein, ohne jeglichen Kontakt zu anderen. Ist das Tier seelisch oder körperlich gebrochen, wird es einfach ausgetauscht und „verscherbelt". Eine grausame Art, mit einem Lebewesen umzugehen, aber wir kennen es nicht anders, oder? Weil wir es selbst nicht anders kennen, haben wir kein Problem damit, andere auszubeuten, uns selbst auszubeuten, um das Rad der Leistungsgesellschaft aufrechtzuhalten. Immerhin ist es wichtig, gesellschaftlich angesehen zu sein – zu jedem Preis.

- In welchen Bereichen deines Lebens fühlst du dich ausgebeutet? Oder beutest du dich selbst aus?
- Inwiefern fühlst du dich von anderen ausgebeutet?
- In welcher Situation beutest du dein Pferd aus?

Unsere Aufgabe als Mensch ist es, uns zurückzunehmen und ihnen den Raum zu geben, ihren eigenen Weg zu finden.

Indem wir lernen, weniger einzugreifen und stattdessen Vertrauen in die Fähigkeiten des Pferdes entwickeln, ermöglichen wir eine natürliche und harmonische Zusammenarbeit, die auf gegenseitigem Respekt basiert.

Berührungen

Ich bin schon vielen Pferden in meinem Leben begegnet. Pferde, die in unterschiedlichen Disziplinen geritten wurden und vieles zu sagen hatten. Sie liebten es alle, durch simples Handauflegen und den Energiefluss berührt zu werden. Durch meine Ausbildung in Cranio Sacral Balancing, die von einer wundervollen, inspirierenden Lehrerin durchgeführt wurde, lernte ich meinen Verstand komplett auszuschalten, meine Hand auf bestimmte Punkte zu legen und nur zu spüren, wohin mich die Energie unter meinen Händen führt. Mich inspirierte von Beginn an die Aussage: *„Werde still und warte, bis dein Staub sich gesetzt hat und deine Luft klar geworden ist. Dann bist du in der Lage, dein Gegenüber zu fühlen und zu spüren, was er nun benötigt, um wieder mehr Klarheit, Frieden und Balance zu erschaffen."*

Genau das ist es, was mich auch die Pferde gelehrt haben: still zu werden, zu lauschen, was der „Wind" mir erzählen möchte und dann der Energie unter meinen Händen zu folgen.

Durch diese Übertragung der Energie hat das Pferd die Möglichkeit, Frieden, Gleichgewicht und Harmonie in einem unnatürlichen Umfeld und einer Welt voller Stress zu erfahren. Dadurch ist es in der Lage, aufgestaute Energie, Stress und Emotionen loszulassen und sich selbst wieder in Balance zu bringen. Ich selbst sage immer wieder meinen Klienten und Schülern, dass ich nur als Impulsgeber agiere und ihnen nur die Möglichkeit der Veränderung, des Loslassen und Transformation aufzeige. Sie sind es selbst, die die Energie transformieren und ihren Körper wieder in Einklang mit ihrer inneren Natur bringen. Wir können nichts erzwingen, sondern nur ein Impulsgeber für neue Möglichkeiten sein. Es passiert immer das, was passieren soll – vertraue dem Prozess.

Ich bildete mich stetig weiter, vor allem in den Bereichen der alternativen Medizin.

Just Heal

„Wirkliche Heilung kommt von innen, von der Seele selbst, die ihre Harmonie durch die wohlwollende Kraft des Schöpfers auf die gesamte Persönlichkeit ausstrahlt, wenn man es ihr nur gestattet." – Edward Bach

Bereits zu Urzeiten war es üblich, die Hände als Übermittler für heilende Energie zu benutzen, die man der Seele eines Tieres oder Menschen sendete. Schon Hippokrates sprach von der heilenden Kraft unserer Hände. Nach Hippokrates ist Heilung eine Folge des Wirkens der Naturkräfte und kann erreicht werden, indem man die Lebenskräfte eines Menschen stärkt. Diese Form des Heilens ist noch älter als Kräuteranwendungen, die als Vorläufer unserer modernen Medizin gelten.

Indische Texte aus den Veden, die älter als 2.000 Jahre sind, beschreiben die universelle Energie. Sie stellen dar, wie man sie durch die Energiezentren oder Chakren tief in die Zellen des menschlichen Körpers leitet. Bis heute werden Berührungen mit den Händen in den unterschiedlichsten Kulturen eingesetzt. Heilen war und ist somit ein Prozess zur Erlangung der Ganzheit, der heilen Beziehung des Menschen.

Viele Kulturen sind davon überzeugt, dass es so etwas wie „Lebensenergie" gibt. Sie fließt in uns und kann uns zeigen, in welchen Teilen unseres Körpers es eventuell Dysbalancen gibt. In der japanischen Medizin wird diese Energie Ki genannt, in der traditionellen chinesischen Medizin Chi, im Ayurveda heißt sie Prana und die Griechen sagen Pneuma. Sie alle sind der Meinung, dass in jedem Lebewesen auf dieser Erde Lebensenergie fließt. Sie ist die Essenz des Körpers, der Geist. Man könnte sie auch als vibrierendes, fließendes Energiefeld beschreiben. Durch die Anregung von diesem Energiefluss kann der Körper sich selbst heilen. Das Ziel ist, positive Energie auf diese Lebenskraft zu richten und dadurch negative Energien aufzulösen.

Was sind nun positive oder negative Energien?

Die Wissenschaft hat bewiesen, dass auch unsere Gedanken eine Schwingung haben. Das bedeutet, dass wir auch negativ schwingen, wenn wir negativ denken. Unsere Energie hat dann eine eigene Art zu schwingen. Sowohl das Universum als auch jede einzelne Körperzelle hat eine Schwingung, pulsiert rhythmisch und befindet sich ständig im Wandel.

Die moderne Wissenschaft hat energetische Phänomene ausgiebig erforscht und herausgefunden, dass alles auf der Erde –lebendig oder nicht – Teil eines umfassenden Energiesystems ist, das den Kosmos miteinschließt. Diese Kräfte beeinflussen uns und jedes andere Lebewesen in jeder Sekunde eines jedes Tages auf dieser Erde. Man kann sich dieses System wie einen Fluss vorstellen: Er ist ständig in Bewegung und kann sich immer verändern. Befindet sich in diesem Fluss allerdings eine Behinderung, quasi ein Stein, kann dort weniger Energie fließen. Wenn in unserem Körper ein Problem auftritt, wird das Energiesystem gestört oder beeinträchtigt, und die Chakren – unsere Energiezentren – geraten aus ihrer natürlichen Schwingung. Selbst das kleinste Hindernis kann dann den Energiefluss umlenken und seine Richtung verändern. So ist es auch mit unserem Energiesystem: Störungen können nicht nur aus körperlichen Dysbalancen entstehen, sondern auch aus emotionalen Dysbalancen hervorgerufen werden.

Durch das Handauflegen können wir diese Blockaden, emotionale Traumata oder Ähnliches beeinflussen und auflösen. Wenn ich jemanden berühre, dann fungiere ich als Radiosender. Ich nehme die Frequenz meines Gegenübers wahr und spüre, wo diese unterbrochen wurde. Ich erkenne, an welcher Stelle quasi das Lied oder die Melodie sich verändert hat. Dies sind dann für mich energetische Dysbalancen, die auch körperliche Auswirkungen haben können, wie Krankheiten, Verspannungen oder Blockaden. Ich folge dieser Energie und bringe die Frequenz wieder in Einklang. Ich stimme sie wieder zu dem harmonischen Lied, das es sein sollte. Durch das Lösen dieser Dysbalancen kann sich das körperliche System regenerieren und dadurch entsteht Heilung.

Die Möglichkeiten und die Kraft zum Heilen sind in uns – wir müssen sie nur täglich neu entdecken und ihren Spuren in unserem Leben folgen. Wirkliches Heilen ist ein Austausch – ein Energieaustausch – zwischen dem Geber, dem Empfänger und der unendlichen Quelle. Sanft, nährend und voller Hingabe und Liebe. Die unendliche Quelle steht für die universelle Energie oder das höhere Bewusstsein, das allem Leben zugrunde liegt. Sie wird als Ursprung betrachtet, aus dem alles entsteht und in den alles eingebettet ist. In Bezug auf Heilung repräsentiert sie die unerschöpfliche Kraft, die nicht nur unseren Körper, sondern auch unseren Geist und unsere Seele mit Energie versorgt.

Jeder von uns hat seine eigenen Empfindungen – seine eigenen Richtlinien – in der Heilung. Erforsche sie, fühle sie, und du wirst deinen Weg finden. Achte darauf, dass nicht immer der Ort für die Störung verantwortlich ist. Deswegen ist mir so wichtig, in der Arbeit mit meinen Klienten den Körper entscheiden zu lassen, wohin die Energie fließt. Durch das Erfragen, wohin die Energie geht, was blockiert ist oder was das Problem verursacht hat, bin ich in der Lage zu sagen, wo welche Dysbalancen vorhanden sind. Die wirkliche Ursache eines Problems kann sehr tief liegen, sie kann lange vergangen sein, oftmals Jahre, bevor eine Störung im Körper auftritt.

Durch das Fließenlassen der Energien im Körper deines Gegenübers oder auch in deinem wird der Körper gestärkt und der Organismus kommt wieder ins Gleichgewicht. Dadurch hat dein Gegenüber oder du die Möglichkeit, sich in der Tiefe zu regenerieren und auszugleichen.

Heilenergie kann auf einer emotionalen, mentalen oder körperlichen Ebene wirken. Man überträgt die Energie. Achte hier bitte auf deine Intention. Diese Energie wird nicht von dir genommen, sondern du wirkst als Kanal, quasi als ein Rohr/eine Leitung und ziehst selbst die Energie von der Quelle, vom Universum, von der Mutter Erde oder von Gott an. Sie fließt durch die Energieleitbahnen im Körper. Diese Leitbahnen können einen Bezug auf die Chakren oder Meridiane haben, müssen aber nicht. Wir verstärken durch das Handauflegen die positive Energie und können dadurch negative Energie lösen.

Das energetische Feld

Wir alle haben ein elektromagnetisches Feld. Dieses können wir nutzen, um Heilenergie weiterzuleiten. Über dieses pulsierende, magnetische Feld sind wir in der Lage, den Körper unter unseren Händen zu erfühlen und auf unterschiedlichsten Ebenen zu erfassen. Auf diese Weise ist es möglich, ihm die Unterstützung zu geben, die benötigt wird – egal, auf welcher Ebene.

Elektromagnetische Impulse leiten die universelle Heilenergie zu deinem Gegenüber. Es wird angeregt, gestärkt und harmonisiert, und dadurch ist der Körper deines Gegenübers in der Lage, sich selbst zu regulieren, innere Ressourcen zu aktivieren und den ursprünglichen Zustand der Harmonie wieder aufzubauen.

Körper – Geist – Emotionen

Ist ein Bereich im Ungleichgewicht, kann dies zu Krankheiten, Störungen und Verhaltensproblemen führen.

Achte darauf, dass Energie zerstörerisch oder aufbauend sein kann, positiv oder negativ. Zerstörerische Energie kann das Gewebe so beeinflussen, dass es sich zum Negativen verändert. Erhebende Energie hat die Kraft zu heilen und das Körpergewebe zum Positiven beeinflussen. Durch das Gewebe des Körpers fließt dann wieder etwas sehr Feines, Zartes, Liebevolles. Das sind die emotionalen, mentalen Energien – die Energie der Seele. So entsteht auch eine Verbindung zu einer höheren Macht, die wir rational nicht erfassen können.

Unsere Heilkräfte

Sie sind immer bei uns, und dennoch haben wir vergessen, dass wir sie haben. Unsere Gedanken und Absichten als Sender von Energie sind essenziell wichtig, wie ich schon vorher erwähnt habe. Sind wir negativ eingestellt auf diese Berührungen oder anderee Situationen in unserem Leben, nehmen wir diesen Situationen die Möglichkeit, etwas Schönes und Kraftvolles, Bewegendes zu kreieren.

Wenn wir unsere Aufmerksamkeit darauf richten zu heilen, verbinden wir uns mit dem geistigen Energiefeld unseres Gegenübers. So kann Kontakt mit unserem Energiefeld aufgenommen werden. Unser Gegenüber spürt unsere Absichten, unseren Wunsch, zu helfen, und kann Erleichterung, Trost und Frieden finden. Du kennst dies bestimmt, wenn du eine Person triffst, die du zwar noch nicht kennst, aber du spürst, dass ihr euch auf Anhieb versteht. Umgekehrt gibt es Menschen oder Tiere in unserem Leben, mit denen wir uns auf Anhieb nicht verstehen. Wir fühlen uns unwohl in ihrer Gegenwart und möchten nichts mit ihnen zu tun haben. Bevor wir mit jemandem kommunizieren und interagieren, spüren wir sein Energiefeld und tauschen hier schon Informationen aus, ob jemand zu uns passt oder nicht.

Heilen durch Gedankenkraft ist kraftvoll, und die Richtung unserer Aufmerksamkeit hat eine starke Wirkung. Sie schafft eine Möglichkeit, unsere Aura (elektromagnetisches Feld) an das unseres Gegenübers anzuschließen und auf diese Weise die Heilenergie über unsere Hände zu übertragen. Als Sender fühlst du dich danach reicher, voller Liebe und Geborgenheit. Handauflegen ist großzügig und wohltuend. Indem wir heilen, werden wir auch selbst geheilt. Das wirst du mit der Zeit spüren. Mit jedem, mit dem du auf diese Weise interagierst, gehst du auf irgendeiner Ebene in Resonanz. So kann es auch geschehen, dass für dich bestimmte Themen, Emotionen oder Dysbalancen gelöst und geheilt werden. Dadurch öffnen wir uns für eine höhere Bewusstseinsebene sowie für neues Wissen und Erfahrungen.

Emotionaler Aufbruch

Unser Körper ist der Spiegel unserer Seele und zeigt uns, wo unser Geist und unsere Seele in ein Ungleichgewicht gekommen sind. Unsere Seele ist in ständiger Verbindung mit unserem Körper und unserer Umgebung. Unzählige Studien von Wissenschaftlern belegen, dass unser psychischer Zustand Auswirkungen auf unseren Körper haben. Das bedeutet so viel wie so wie ich denke, so fühle ich; so wie ich fühle, so denke ich.

Dr. Joe Dispenza, um ein Beispiel zu nennen, ist einer der bekanntesten Forscher, dessen Studien belegten, dass schon ein destruktiver Gedanke Auswirkungen auf unseren Körper hat. Nun stell dir vor, du denkst immer wieder die gleichen Gedanken und befindest dich in einer Spirale der Selbstverurteilung. Du wirst dich auch körperlich nicht mehr gut fühlen, du bist eventuell müde, ausgelaugt oder sogar erschöpft vom Leben. Die Psychosomatik sieht also die Seele an erster Stelle und erkennt ihre Kraft und Macht und nimmt diese ernst – den Körper als zweiter, aber nicht weniger wert. Dies wirst du auch bei der ein oder anderen Behandlung schon einmal miterlebt haben, dass sich gewisse Gefühle gezeigt haben. Das Ziel jeder Berührung oder Behandlung ist, die Heilung im ursprünglichen Sinne zu aktivieren und zu unterstützen, was nicht bedeutet, dass wir gewisse Anteile in uns unterdrücken oder löschen, sondern vielmehr sowohl „gute" als auch „schlechte" Seiten integrieren sollen.

Das bedeutet, dass wir bei jeder Behandlung nicht nur auf körperliche Symptome achten sollten, sondern auch auf das, was uns die Seele wirklich sagen möchte, denn die körperliche Symptomatik ist nur ein Ausdruck der Seele. So kann es vorkommen, dass sich gewisse Gefühle und Emotionen zeigen und noch erlebt werden möchten.

So wie auch bei Herbert (Name wurde geändert). Herbert war früher ein Schulpferd, auf ihm wurde Kindern mehrmals täglich Reitstunden gegeben. Leider war diese Zeit für Herbert nicht die beste Zeit, denn die Besitzer haben wenig auf seine Bedürfnisse geachtet. Auch die Fütterung sowie die Haltung ließen zu wünschen übrig. Als ich Herbert das erste Mal bei seiner neuen Besitzerin sah, nahm ich seine traurigen Augen wahr. Er war vollkommen in sich gekehrt und wirkte auf mich sehr teilnahmslos. Sein Körper sprach Bände – er war ausgezehrt, wirkte erschöpft und energielos.

Während der Behandlung spürte ich eine starke Traurigkeit in ihm. Er zeigte mir Bilder von den Reitstunden, wie er teilweise geschlagen worden war. Ich spürte den Schmerz in ihm. Die Besitzerin war vollkommen fassungslos, auch sie spürte diese intensive Traurigkeit an ihrem Pferd. Es überwältigte sie, und sie weinte die Tränen, die es nicht weinen konnte.

Pferde können ihre Emotionen nicht so offen ausdrücken wie wir Menschen, daher kann es vorkommen, dass während einer Behandlung der Besitzer die Gefühle seines Pferdes erlebt. Die Besitzerin bestätigte mir alles, was ich gesehen und wahrgenommen hatte, und freute sich sehr, als sie sah, dass ihr Pferd nach der Behandlung einen offeneren, liebevolleren Eindruck machte.

Diese Behandlung zeigt uns, dass es an uns Menschen liegt, dass wir die Bedürfnisse der Pferde in unserem Umfeld ernst nehmen und wahrnehmen. Viele Pferde werden jenseits ihrer Grenzen gehalten oder trainiert. Sie müssen Leistungen außerhalb ihrer Fähigkeiten vollbringen, was schwere körperliche und seelische Folgen haben kann. Es ist traurig zu sehen, dass die Bedürfnisse der Pferde nicht wahrgenommen und erkannt werden und sie innerlich nach Hilfe schreien, denn dies führt zu Störungen und Blockaden im System, da jeglicher Stress das Energiefeld aus dem Gleichgewicht bringt. Dadurch können die Pferde anfälliger für Krankheiten und Infektionen werden, körperlich abbauen und herkömmliche Behandlungen bleiben wirkungslos. Schwierigkeiten in der Kommunikation und der Zusammenarbeit sind oft die Folgen. Es liegt an uns Menschen, dass wir uns für eine intensive Kommunikation öffnen, die Tiere ganzheitlich betrachten und sie vor allem als Individuum betrachten, das Gefühle und Emotionen hat. Wir dürfen lernen, sie auf einer tieferen Ebene mittels Körperarbeit, Massage oder Heilbehandlungen zu berühren. Damit wir sie sehen!

Heilung für Pferde:

- Bei Verletzungen oder Unfällen
- Bei Schmerzen oder unter Schock
- Bei reiner Boxenhaltung, Ärger, Angst, Wut, Depressionen, Koppen, Weben
- Wenn sich das Verhalten verändert (wie Beißen, Buckeln, Schlagen etc.)
- Bei einem angegriffenen Immunsystem oder Krankheiten
- Bei Missbrauch, groben Behandlungen, mentalen oder körperlichen Grausamkeiten
- Bei Frustration, Kommunikationsproblemen

Der Moment der Wahrheit

Ich hatte die Ehre, eine wunderschöne Schimmelstute zu behandeln. Sie war sehr schön, doch an ihren Augen sah man, dass sie mit dem Leben abgeschlossen hatte. Ihr inneres Leuchten war erloschen, und sie ließ das Leben an sich vorbeirauschen. Ihr Leben war nicht mehr lebenswert. Sie funktionierte nur noch, und ich nahm den innerlichen Schmerz, den sie mir zeigte, intensiv wahr.

Bei manchen Pferden spürt man sehr stark, dass Seele und Körper getrennte Wege gehen. Genau so kann ich es dann auch sehen. Hier ist es wichtig, präsent zu sein und genau der Energie zu folgen, die dein Gegenüber benötigt, um wieder ins Leben zurückzutreten. Sich wieder lebendig zu fühlen – da müssen viele Komponenten beachtet werden. Werde dir bewusst, dass du niemanden „überreden" kannst, wieder zu leben, sondern diese Person oder dieses Tier sich selbst wieder erlauben muss zu leben. Du bist nur der Wegbegleiter und kannst keine Entscheidungen abnehmen. Deshalb versuche ich zu hinterfragen, was ich für mein Gegenüber tun kann, damit es wieder am Leben teilnehmen, sich öffnen und leben möchte. Ich arbeite dann gern mit Farben und hülle meine Klienten in ein goldenes Licht und gebe ihnen den Impuls, sich tief mit der Mutter Erde, Gaia, zu verwurzeln. Ich bitte hier auch um die Unterstützung von Mutter Erde und führe meistens eine Innere-Kind-Heilung durch.

Eine innere Kindheilung ist eine sanfte und liebevolle Reise zurück zu den Wurzeln unserer Seele. Die innere Kindheilung bedeutet, sich mit den verletzten, ungeheilten Teilen in dir zu verbinden – den Erinnerungen, Gefühlen und Erfahrungen aus der Kindheit, die in unserem Inneren noch lebendig sind. Oft tragen wir unbewusst Schmerz, Angst oder Unsicherheiten aus früheren Lebensphasen mit uns, die unser Denken, Fühlen und Handeln im Hier und Jetzt beeinflussen.

Innere Kindheilung bedeutet, diesem jungen, verletzlichen Teil in uns zuzuhören, ihn anzunehmen und mit Mitgefühl zu umarmen. Es geht darum, uns selbst das zu geben, was wir damals vielleicht nicht bekommen haben: Liebe, Sicherheit, Geborgenheit und das Gefühl, genau so, wie wir sind, richtig zu sein.

Die Heilung des inneren Kindes ist ein Akt der Selbstliebe und Selbstfürsorge. Sie hilft uns, alte Muster zu lösen, tiefe emotionale Wunden zu schließen und uns von den Ketten der Vergangenheit zu befreien. Dadurch entsteht Raum für mehr Leichtigkeit, Freude und Authentizität in unserem Leben. Diese Heilungsreise ist auch für unsere Pferde wichtig, denn auch sie besitzen verletzte Anteile.

Ich bin ehrlich zu dir: Ich war verloren. Mich erdrückte es zu sehen, auf welchem Planeten ich gelandet war. Hass, Neid, Missgunst und Brutalität, die ich nicht nur sah, sondern auch spürte, waren unerträglich. Es zerriss mir das Herz, und ich wusste nicht, was ich tun sollte. Es gab Momente in meinem Leben, in denen ich mich fragte, warum ich überhaupt hier bin. Ich fing an, mich in anderen Welten zu bewegen und zu verstecken. Äußerlich spielte ich irgendwelche Spiele, ich lachte, wenn es von mir verlangt wurde, doch innerlich war ich in einer anderen Dimension und fand Zuflucht bei anderen Geistwesen. Ich war verrückt, dachte ich. War doch mein Umfeld vollkommen normal und sah all diese Dinge nicht so wie ich. Nichts konnte mich noch wirklich berühren – außer dieser einen Stute.

Stell dir vorm du spürst jeden Tag, wenn du aufwachst, was in deinem Umfeld passiert, wie es den Menschen geht, und du spürst ihren innerlichen Schmerz, die Traurigkeit, den Verlust, die Freude, alles, was sie spüren, und du weißt nicht, welche Gefühle zu mir gehörten. Es war für mich wie ein Dschungel, der mich allmählich verschluckte. Ich konnte mit niemandem darüber sprechen, denn jeder Versuch, dies zu kommunizieren, war gescheitert.

Was diese Schimmelstute mir zeigte, war wie ein Spiegel. Es gab innerliche Schauplätze aus Wut, Hass, Traurigkeit und Hilflosigkeit, die ich nicht zugeben wollte. Ich war gefangen in meinem selbst erstellten Konstrukt – so wie die Schimmelstute. Dennoch zeigte ausgerechnet sie mir, dass wir selbst dafür verantwortlich sind, und dieses Konstrukt, dieses Gefängnis, das wir uns selbst aufgebaut haben, auch wieder verlassen können. Wenn wir den Mut haben, hinzusehen und der Angst entgegenzugehen.

Haltung

Es ist anmaßend zu behaupten, Pferde hätten keine Gefühle und ihnen ist es egal, wenn sie eingesperrt sind. Diese Verhaltensauffälligkeiten, die sie uns zeigen, sind ein Zeichen dafür, dass es ihnen nicht gut geht. Wir sperren sie möglicherweise in einzelne Boxen und wundern uns, warum sie uns mit zurückgelegten Ohren angehen, wenn wir sie aus ihrem „Gefängnis" rausholen.

Diese Umstände führen zwangsläufig zu täglichem Stress. Normalerweise leben Pferde in Herden, die für sie wie eine Familie sind. In einer Herde haben sie die Möglichkeit, täglich Sozialkontakte zu pflegen, sich zu bewegen und zu grasen. Viele Ställe sind jedoch nicht so gestaltet, dass sie diesen Bedürfnissen gerecht werden können. Stattdessen werden Pferde manchmal rund um die Uhr in Boxen gehalten, was Verhaltensauffälligkeiten wie Koppen, Weben und Krippensetzen begünstigt. Diese sogenannten Erkrankungen sind menschengemacht und entstehen aus Stress und Langeweile.

Hinzu kommt oft eine unzureichende Versorgung mit Futter und Wasser, was wiederum zu schwerwiegenden körperlichen Problemen führen kann, die das ganze Leben des Pferdes beeinträchtigen. Es ist daher dringend erforderlich, die Haltungsbedingungen für Pferde zu verbessern und sicherzustellen, dass sie ausreichend Platz, Sozialkontakte und Zugang zu natürlicher Bewegung haben, um ein gesundes und erfülltes Leben zu führen.

Es bleibt leider oft nicht nur dabei, dass sie eingesperrt sind, oft werden sie auch noch bestraft, wenn sie den Besitzer nicht „freundlich" begrüßen, obwohl dieser in die Box reinplatzt und sie einmal täglich oder alle paar Tage zum Reiten zwingt. Teilweise werden grausame Gegenmaßnahmen verwendet, bei denen die Pferde davon abgehalten werden, diese Verhaltensauffälligkeiten zu machen, dies wiederum führt wieder zu noch mehr Stress und Qual.

Diese Untugenden werden nicht aus Spaß vom Pferd gemacht, nein, sie sind ein Zeichen dafür, dass das Pferd unter der Situation leidet, eventuell schon eine Depression oder schwerwiegende körperliche Symptome entwickelt hat.

Auch Pferde haben Bedürfnisse und möchten sich mit ihren Artgenossen austauschen. Das bedeutet nicht, dass sie über einen Zaun hinweg kommunizieren wollen, sondern sich gegenseitig um die Fellpflege kümmern möchten, miteinander spielen und zusammen über die Koppeln galoppieren möchten.

Beobachte einmal Pferde, die nach ihren Bedürfnissen leben können, die miteinander galoppieren und sich gegenseitig liebevoll kratzen. Es ist herrlich, dies anzuschauen und zu erleben. Ein Pferd, das in seiner vollen Kraft steht, strahlt pure Anmut, Ehrlichkeit, Liebe, Vertrauen und Freiheit aus.

Durch diese Behandlungen kann das Ungleichgewicht aufgehoben werden und das Pferd kommt wieder in Balance. Werden die Bedingungen für die Pferde jedoch beibehalten, sind Auffälligkeiten oder Beschwerden schnell wieder vorhanden.

Unter anderem kommt es dazu, dass die Emotionen durch zu langes Stehen, teilweise bis zu mehreren Stunden, in einer Box in ein Ungleichgewicht kommen. Dann können sich die Emotionen so stark aufstauen, dass die Pferde nicht mehr klar denken können. Kommt es noch dazu, dass der Boxennachbar ein Pferd ist, das es nicht mag, kann das zu inneren Aggressionen führen, was schwerwiegende Folgen haben kann. Die Pferde können sich selbst dadurch verletzen, die Aggressionen an sich selbst auslassen, die Box zerstören oder aber diese aufgestauten Energien an ihren Besitzer auslassen. Das ist das, was viele nicht bedenken. Ein Pferd wird stundenlang eingesperrt, und dann kommt der Besitzer und bricht in das kleine Stück Privatsphäre ein. Das ist, was das Fass zum Überlaufen bringen kann. Das Tier zeigt dann sogenannte „Untugenden" wie Beißen, Schlagen oder sogar Aggressionen gegenüber dem Besitzer. Das sind Hilfeschreie eines Tieres, das mit seinem Leben sehr unglücklich ist. Wenn man diesen Pferden ins Gesicht blickt, sieht man ihnen an, dass sie sehr unglücklich mit ihrem Leben sind. Sie sehen traurig oder aggressiv aus und wirken sehr introvertiert. Sie haben sich vom Leben zurückgezogen.

Für mich fühlt es sich während einer Behandlung so an, als hätten sie aufgehört zu leben. Ihre Seele weicht zurück, und sie sind nur mehr körperlich anwesend. Kein Gefühl, keine Freude, keine innerliche Regung ist zu spüren, sie haben den Kampf gegen die Menschen aufgegeben – und dabei sich selbst. Es ist für mich schrecklich anzusehen. Genau diese Pferde benötigen dringend eine Behandlung, die ihnen wieder erlaubt zu leben. Leider gibt es auch immer wieder Pferde, die innerlich so verkümmert sind, dass es eine große Herausforderung ist, diese Zurückgezogenheit wieder zu lösen. Dies benötigt viel Feingefühl und man muss unbedingt die Umgebung, Haltung und Fütterung überdenken und verändern, damit sich das Pferd ganzheitlich erholen kann.

Forschungen bestätigen, dass eine unnatürliche Haltung schwerwiegende körperliche sowie psychische Folgen hat. Leider haben viele Besitzer nicht die Möglichkeit, etwas in der Box oder im

Stall zu verändern. Dies habe ich selbst oft miterleben müssen. In der Boxenhaltung ist man ausgeliefert, wenn man den Boxennachbar nicht mag. Stell dir mal vor, du müsstest zwölf bis sechszehn Stunden neben jemandem auf engsten Raum stehen, den du nicht leiden kannst. Du kannst ihm nicht ausweichen, bist ihm hilflos ausgeliefert. In diesem Fall sind Pferde sehr oft aggressiv oder mies gelaunt in ihrer Box. Sie treten gegen die Boxentür, zerbeißen vieles, beißen aus der Box heraus und haben es eilig, aus der Box zu kommen. Selbstverstümmelung oder auch ein Attackieren des Boxennachbars sind an der Tagesordnung. Zähneknirschen oder das Reiben der Zähne am Metall, Weben oder Koppen sind keine Seltenheit. Es wäre einfach, diese Pferde in andere Boxen zu stellen oder die Haltung grundsätzlich zu verändern, um den Stress der Tiere zu lösen.

Das Pferd einer Klientin hasste es, in der Box zu stehen, vor allem neben seinem Weidekumpel. Diese Pferde standen täglich friedlich nebeneinander auf der Koppel, doch sobald sie in die Box kamen, war Radau. Schlagen, Beißen und Attackieren in der Box waren das tägliche Brot. Teilweise war es so heftig, dass die Tiere am nächsten Morgen vollkommen verschwitzt waren. Von Ausruhen und Entspannen war nicht die Rede. Die Besitzer fragten sich immer wieder, warum die Pferde in der Box so aggressiv waren. Sie konnten sich einfach nicht so gut leiden und wollten nicht eingesperrt nebeneinanderstehen. Auf der Wiese hatten sie genügend Platz, um sich aus dem Weg zu gehen. Die Möglichkeit, die Situation zu ändern, war leider nicht gegeben. Die Besitzerin stellte ihr Pferd um: in einen Offenstall mit weniger Pferden. Ihr Pferd blühte auf, fühlte sich rundum wohl und genießt nun jeden einzelnen Tag. Beide Pferde sind heute glücklich.

Leider gibt es immer mehr Offenställe, die vollkommen überfüllt sind, zu wenig Futterplätze haben und kaum Unterstände vorhanden sind. All dies kann für Pferde, die rangniedrig sind, schwierig sein. Ich glaube, deren Besitzer können ein Lied davon singen. Diese Pferde sind teilweise sehr nervös, ängstlich, teilweise reagieren sie panisch auf die anderen Pferde. Diese Tiere aus dem Offenstall zu holen, wird eine Challenge, denn sie sind kopflos und können einen dann niederrennen vor lauter Angst und Panik vor den anderen Herdenmitgliedern. Es sind Pferde, die sich kaum noch berühren lassen. Auch das Reiten oder Trainieren dieser Pferde ist eine Herausforderung, denn sie können sich kaum fokussieren und konzentrieren, da ihre innerlichen Alarmsysteme auf Warnung eingestellt sind. Unter anderem leiden diese Pferde oft an Magengeschwüren, Verdauungsproblemen wie Kotwasser, ständiger Anspannung bis hin zu Rückenproblemen. Viele Besitzer geben Unmengen an Geld für Tierarztkosten aus, doch es ist keine Besserung in Sicht. Hier kann eine Heilbehandlung mit dieser Methode und eine Umstellung der Haltung Wunder bewirken.

Ich lernte ein Pferd kennen, das ein typisches Turnierpferd in unseren Graden war. Es wurde sein Leben lang einzeln gehalten und in einer Box manchmal mit einem kleinen eingezäunten Auslaufdabei. Sozialen Kontakt oder auch Herdenhaltung kannte er nicht. Durch seine neue Besitzerin kam er in einen Stall, wo es Boxen mit integrierten kleinen Auslauf gab, natürlich einzeln, aber nebeneinander. Die Box war geräumig, und das Paddock an sich war etwas klein, er hatte täglich Zugang zu einer kleinen, abgemagerten Wiese, die er sich mit seinem Boxennachbarn teilen musste. Natürlich hatten sie nur zeitversetzt Zugang auf diese Wiese. Dieses Pferd war leider vollkommen überfordert mit dem Kontakt zu anderen Pferden. Es lief ständig in der Box hin und her, kam kaum zur Ruhe. Ihn aus der Box zu holen, war eine Herausforderung, denn es kam oft vor, dass das Pferd einfach aus der Box rannte. Das Tier fühlte sich sichtlich unwohl und wusste nicht, wie es mit diesen ganzen Energien und mit den anderen Pferden umgehen sollte. Eines Tages kam ein neues Pferd in den Stall, eine Stute, die zwei Boxen neben ihn einzog. Das war zu viel für das Tier. Er wurde plötzlich total aggressiv, angriffslustig und kopflos. Er riss den Zaun nieder und attackierte die neu angekommene Stute. Es war schlimm mit anzusehen; keiner konnte eingreifen, es war zu gefährlich. Das Pferd war nicht mehr er selbst und geriet in Rage. Nach ein paar Minuten beruhigte es sich, und wir konnten die Pferde voneinander trennen. Leider sah niemand, wie das Pferd unter diesen Bedingungen litt. Es steht bis heute in diesem Stall. Solche Ereignisse wiederholten sich – er war kaum noch reitbar.

Pferde lieben es, berührt zu werden. Sie lieben es, wenn man mit verschiedenen sanften Körperarbeitsübungen ihre Regeneration ankurbelt, Verspannungen löst und sie sich vollkommen entspannen können. Auch in der freien Natur verbringen sie viele Stunden mit Fellpflege, gegenseitigem Berühren und sanftem Streicheln. Sie schätzen es, wenn ihre Besitzer sie massieren und ihnen eine wundervolle Behandlung geben. Für mich ist es sehr wichtig, mein Pferd mit der Heilbehandlung zu berühren. Ich lerne es auf eine besondere Art und Weise kennen. Ich beobachte es in diesem Moment genau und lerne dadurch, seine Körpersprache auf einer tiefen Ebene zu verstehen. Dadurch bin ich imstande, mein Tier zu „lesen" und gegebenenfalls einzugreifen, wenn es Verspannungen, Blockaden oder emotionales Unwohlsein empfindet.

Jedes Pferd ist ein Individuum und benötigt daher eine auf seine Bedürfnisse angepasste Haltung. Jedes Pferd ist ein anderer Stoffwechseltyp und hat dadurch andere Bedürfnisse. Es wäre von Vorteil, wenn Stallbesitzer mehr darauf achten würden, welche Typen von Pferden er aufnimmt und nicht nur auf das Geld zu achten. Habe ich eine Herde, die sich verträgt, harmonisch ist und auch vom Stoffwechseltyp her ähnlich ist, habe ich viel weniger Arbeit und kann mich besser auf das konzentrieren, was wichtig ist – nämlich das Wohl der Pferde.

Durch das beachten der oben genannten Punke ist in der Herde weniger Stress, Verhaltensauffälligkeiten oder Untugenden vorhanden. Ich benötige weniger Futter, da jedes Pferd immer Heu fressen kann. Ich kann die Pferde einzeln und vollkommen entspannt aus der Herde holen. Es wird weniger zerstört, und auch das Integrieren neuer Pferde verläuft entspannt und ist in wenigen Minuten geschehen. Wir dürfen als Stallbesitzer bei der Haltung der Pferde nicht auf das Geld achten, sondern das Wohl der Pferde sollte im Vordergrund stehen, damit wir ein miteinander kreieren können. Dadurch entsteht ein Ort, an dem sich Mensch und Tier wohlfühlen und sich fallen lassen können. Und genau das sollte unser Ziel sein: einen Ort voller Mitgefühl, Liebe, Vertrauen und Hingabe zu schaffen. Die Leidenschaft zu ihren Pferden verbindet die Besitzer, und auch sie helfen und unterstützen sich gegenseitig, ohne den anderen auszugrenzen oder niederzumachen.

Folgende Symptome können bei einer falschen Haltung entstehen:

- Vereinsamung
- Aggressives Verhalten, teilweise selbstzerstörerisch
- Stressiger, nervöser Zustand
- Teilweise lethargisches oder apathisches Verhalten
- Ungeduldiges bis rücksichtsloses Verhalten seinem Umfeld gegenüber
- Wehren gegen seinen Reiter oder den reiterlichen Hilfen
- Beißen, Buckeln, Drohen in der Box bis hin zur vollkommenen Abwesenheit

Jungpferde

Das Anreiten und Belasten der jungen Pferde erfolgt in jüngerer Vergangenheit immer früher. Die Belastung des Pferdeskeletts wird dabei leider absolut nicht berücksichtigt und Folgeschäden sind vorprogrammiert.

Die Zucht hat es geschafft, Pferde „optisch" so zu züchten, dass sie bereits in jungen Jahren wesentlich belastungsfähiger aussehen, als ihr Knochengerüst es faktisch ist. Dazu kommt der Druck, Pferde möglichst früh in Grundzügen ausgebildet zu präsentieren, der Nachfrage des Marktes gerecht zu werden und so gut es geht mit Gewinn zu verkaufen – zulasten des Pferdeskeletts.

Viele Knochen haben je nach Alter des Pferdes Wachstumsfugen, sogenannte Epiphysenfugen, die erst über die Jahre hinweg verwachsen. Das eigentliche Längenwachstum der Knochen findet nämlich in ebendiesen Fugen statt. Im Gegensatz zum ausgewachsenen Pferd, bei dem der gesamte Bereich verknöchert ist, ist der knorpelige Anteil beim Fohlen und Jungpferd sehr verletzlich. Verlangt man zu früh zu hohe Leistungen, exaltierte Bewegungen oder arbeitet mit mechanischen Werkzeugen, wie z. B. beim Überzäumen mit angezogenen Zügeln oder zu engem Ausbinden, kann es zu Schäden kommen. Verletzungen der Epiphysenfugen können zu fehlerhaftem Wachstum des Pferdeskeletts führen. Kissing Spines und andere Erkrankungen des Knochensystems können hier ihre Ursache finden.

Dieser bekannte Prozess sollte maßgeblich vorgeben, wie Pferde ausgebildet werden und in welchem Alter sie z. B. unter dem Sattel gearbeitet werden dürfen. Epihysenfugen finden wir beispielsweise an folgenden Stellen:

- Die Fugen im Bereich der Hufknochen wachsen mit ca. sechs Monaten zusammen.
- Am Röhrbein dauert es hingegen 1,5 Jahre, bis die Fugen verwachsen sind.
- Die Fugen des Vorderfußwurzelgelenks sind mit 1,5 bis 2,5 Jahren zusammengewachsen.
- Am unteren Teil des Unterarms, auch Radius genannt, wachsen die Fugen im Alter von 2,5 Jahren zusammen.
- Am oberen Teil des Unterarms finden wir Fugen, die sogar erst ein halbes Jahr später zusammengewachsen sind.
- Am Oberarm wachsen die Fugen im Alter von 3 bis 3,5 Jahren zusammen.

- Die Fugen des Schulterblatts wachsen im Alter von 3,5 bis 4 Jahren zusammen.
- Am Oberschenkel ist der Prozess ebenfalls im Alter von 3 bis 3,5 Jahren abgeschlossen.
- Die Hüfte ist erst mit 3 bis 4 Jahren am Ende des Verwachsungsprozesses angekommen.
- Dann folgt das schon besprochene Kreuzbein, dessen Vollverwachsung erst im Alter von fünf Jahren zusammengewachsen ist.
- Das Kiefergelenk bzw. der Unterkiefer ist eines der letzten, die sich mit sechs Jahren stabilisieren.

In früheren Zeiten war es daher auch nicht unüblich, dass man Lektionen, die man heute bereits von dreijährigen Pferden verlangt, frühestens mit 5- bis 6-Jährigen absolvierte. Dazu muss man sagen, dass es wie beim Menschen auch Pferde gibt, die Früh- oder Spätentwickler sind. Nicht selten sehen wir Pferde, deren Skelett eigentlich erst mit sieben Jahren voll einsatzfähig ist.

Auswirkung von Stress beim Pferd

Stress hat gigantische Auswirkungen auf den Stoffwechsel, auf die Verwertung des Futters und vor allem auf die Psyche des Pferdes. Bei Wildpferden wird Stress nur dann ausgelöst, wenn Gefahr droht. Durch den Stress wird das Blutvolumen in die Muskulatur umverteilt, sodass es von der Gefahr weglaufen kann. Die Organe werden weniger durchblutet. Stresshormone werden durch das Laufen wieder abgebaut, weswegen sie immer ein Stück weiter weglaufen, um diesen Vorgang zu unterstützen. Somit schütteln sich Pferde quasi den Stress ab. Danach geht das Blutvolumen wieder zurück in die Organe, und sie gehen wieder ihrem gewohnten Verhalten nach: dem

Fressen. Der katabole Stoffwechsel, der Raubbau an den eingelagerten Reserven betreibt, wechselt in Ruhepausen in einen anabolen Stoffwechsel, der die Speicher wieder auffüllt. Das Pferd unterscheidet leider nicht, woher der Stress kommt, das bedeutet, dass sie nicht unterscheiden, ob der Tierarzt kommt, ein Herdenmitglied sie unter Stress setzt oder ein Puma in der Wildbahn. Sie unterscheiden auch nicht, ob ein kurzfristiger oder langfristiger Stress vorliegt.

Es kann zu **Dauerstress** kommen, wenn:

- Das Pferd ein rangniedriges Pferd ist und nicht genügend Futterplätze vorhanden sind und es nicht zum Futter kommt.
- Pferde ihren Boxennachbarn nicht mögen.
- Es zu wenig Platz gibt auf den Paddock und die Pferde sich untereinander nicht aus dem Weg gehen können.
- Pferde kein Raufutter zur Verfügung haben.
- Das Pferd zu viel Stress hat bezüglich der Haltungsform, wie z. B. ein Offenstallpferd in Boxenhaltung.
- Das Pferd kein naturnahes, artgerechtes Futter bekommt.
- etc.

Dauerstress kann also in unterschiedlichen Bereichen vorkommen.

Wildpferde allerdings kennen keinen Herden-, Dauer- oder Futterstress. Sie leben in einem friedlichen, ruhigen Miteinander. Jedes Pferd hat in einer Wildpferdeherde seine Aufgabe. Reibungen, also fehlverhalten, innerhalb der Herde werden kurz und bündig geklärt.Danach folgt der übliche Alltag, sie verweilen nicht in diesem Stress.

Dauerstress macht Pferde krank, nicht nur der Stoffwechsel erkrankt, auch der Darmtrakt und die Psyche können erkranken. Psychische Krankheiten wieder auszugleichen, ist sehr schwierig, denn die Tiere sind anfällig, wieder in ihre alten Muster zu fallen, ist der Stress auch noch so gering.

Dieses Szenario des Dauerstresses kenne ich aus meinem eigenen Leben nur zu gut. Immer wieder habe ich mich in den Kreislauf des Stresses begeben, versucht mitzuhalten, mich anzupassen und Erwartungen zu erfüllen – selbst dann, wenn ich spürte, dass mir die Energie dafür fehlte. Es war ein ständiger Kampf gegen mich selbst.

Ich wusste, dass ich nicht jeden Tag dieselbe Kraft zur Verfügung habe, dass ich mich nicht immer gleich fühle. Doch ich erzählte mir Geschichten darüber, wie ich sein sollte – stark, konstant, perfekt – und konnte nicht verstehen, warum ich anders zu sein schien als die Menschen um mich herum. Dieses Gefühl der Andersartigkeit brachte eine tiefe Traurigkeit mit sich, die sich in meinem Körper breit machte.

Das innere Feuer, das uns lebendig fühlen lässt, das uns antreibt, mutig zu sein und Abenteuer anzugehen, war in mir erloschen. Es fühlte sich an, als wäre es im Keim erstickt, bevor es überhaupt richtig auflodern konnte.

Ist es das, was Leben bedeutet?

Pferde hingegen versuchen jeden Tag aufs Neue, ihrem Umfeld eine Chance zu geben, obwohl sie schon so oft von uns Menschen und dem Leben an sich enttäuscht wurden. Anastazya, meine damalige Stute, zeigte mir, dass ich von Angst getrieben war und im Überlebensmodus steckte und nicht wusste, wer ich bin und was mich ausmacht. Ich habe meinen Platz hier auf Erden nicht eingenommen und war auch nicht bereit dazu. Ich saß in einem perfekten Konstrukt fest. Ein Konstrukt, in dem ich mir selbst nicht mehr erlaubte, mich lebendig zu fühlen und an alten Gewohnheiten festhielt.

Eine tiefe Erkenntnis traf mich. Hier stand ich nun – und wusste nicht, wer ich war.

Die Umgebung und
ihre geopathische Auswirkung

Wir Menschen sind durch unsere hochtechnisierte Umgebung abgestumpft und ignorieren die Auswirkung geopathischer Felder. Lebewesen wie Pferde sind noch intensiver mit der Natur verbunden als Menschen. Stören wir ihre Verbindung zur Natur oder zum Universum, indem wir sie in hochmodernen technischen Ställen unterbringen, stören wir nicht nur ihre Verbindung und die Elemente der Natur, sondern auch ihr Energiefeld. Sie sind Lebewesen, die Bedürfnisse haben, und viele Pferde sehnen sich danach, auf natürliche Art und Weise gehalten zu werden.

Viele Pferde, die ich in meinem Umfeld sehe, fühlen sich in der hochmodernen Umgebung mit technischen Geräten, die sie umgeben, unwohl. Ein sogenannter „Aktivstall", bei dem sie durch einen Chip Futter bekommen oder auf die Wiese gehen dürfen, ist alles andere als naturgetreu gehalten. Sie sehnen sich nach dem Kontakt zu den Menschen und ihren Artgenossen.

Ihre Umgebung beeinflusst die Pferde sehr stark; dies sieht man ja auch bei uns Menschen. Wir spiegeln unsere Umgebung: Leben wir in einer Umgebung, in der das Umfeld offen und freundlich ist, gehört es auch zu unserem Naturell, fremden Menschen offen und freundlich zu begegnen. Ist die Umgebung nicht die richtige für uns oder unser Pferd, kann dies zu leichten und ernsten Problemen und Erkrankungen führen. Pferde sind hochsensible Wesen; ihre Energie kann durch Störungen in ihrer Umgebung sehr schnell aus dem Gleichgewicht geraten. Deswegen ist es wichtig, sein Pferd gut zu beobachten und gegebenenfalls die Umgebung zu verändern. Nicht nur Pferde sind sehr empfindlich gegenüber ihrer Umwelt, auch viele Menschen können in manchen Regionen, Bereichen oder Umgebungen nicht leben, da ihr Energiefeld durch andere Faktoren gestört wird.

Geopathie und ihre Auswirkung

Geopathische Störfelder erzeugen bei Pferden erheblichen Stress – von der Hochspannungsleitung neben dem Stall, Wasseradern unter der Box, Photovoltaikanlagen über dem Stalldach bis zum Handymast auf der Reithalle: All diese geopathischen Störfelder können zu Krankheiten bei Pferden führen.

Wildpferde, die auf so eine Umgebung treffen, ziehen einfach mit ihrer Herde weiter, sie bleiben nicht in einem Gebiet, das ihnen schadet oder sie in irgendeiner Form blockiert. Unsere domestizierten Pferde haben hingegen keine Wahl; sie müssen dort bleiben, wo wir sie unterbringen. Natürlich ist auch unser Einwirken auf unser Umfeld eingeschränkt und nicht alles können wir verändern, dennoch können wir in manchen Fällen entgegenwirken, um gesundheitliche Probleme zu lindern.

In früheren Zeiten der Menschheitsgeschichte wurde auf ein Grundstück, auf dem ein Haus oder Stall erbaut werden sollte, Schafe gehalten, um herauszufinden, wo sich der geeignete Platz für das neue Gebäude auf diesem Grundstück befindet. Schafe und Hunde schlafen nur an Orten, an denen die Energie „positiv" ist, also wo sich keine Wasseradern, negative Frequenzen und Schwingungen befinden. Katzen hingegen bevorzugen genau diese Orte. Sie sind Strahlensucher und bevorzugen es, Orte aufzusuchen, wo sich Wasseradern etc. befinden. Pferde, Hunde, Schafe und auch wir Menschen sind Strahlenflüchter: Uns schaden solche Felder und wir können Krankheiten entwickeln.

Pferde sind sehr empfindsam, sie spüren geomagnetische Felder sehr stark, die ihre biologischen Rhythmen beeinflussen. Durch die Heilanwendung in diesem Buch kann man einige Auswirkungen lösen bzw. lindern. Die stärksten Störfelder sind Strom- und Telefonmasten sowie Photovoltaikanlagen.

E-Smog

Unter Elektrosmog versteht man alle Arten von magnetischer, elektrischer und elektromagnetischer, also künstlicher Strahlung. Es fängt an bei der Abstrahlung von elektrischen Geräten, Kriechströmen von geerdeten Leitungen, Feldern von Hochspannungsmasten bis hin zu Handy- und Mobilfunkstrahlung. Auch WLAN kann Auswirkungen auf unseren Körper und den Körper von Pferden haben.

Einige Wissenschaftler erforschen, welche Auswirkungen Masten auf unsere Gesundheit haben. Es wurde herausgefunden, dass dadurch das Tumorwachstum gefördert und das Immunsystem geschwächt wird. Viele Menschen in meinem Umfeld können kaum unter einem Strommasten hindurchgehen, ohne dass sie Kopfschmerzen bekommen. So geht es auch unseren Pferden: Kopfschmerzen, Konzentrationsstörungen, statische aufgeladene Körper, Stimmungstiefs, Krebs oder andere schwere Erkrankungen können durch einen Strommasten ausgelöst oder gefördert werden. Der Körper wird unter Spannung gesetzt und entlädt sich an geerdeten Teilen, auch Menschen, schockartig, teilweise mit schmerzhaften elektrischen Schlägen oder sichtbaren Blitzen. Das gesamte Raumklima wird durch Elektrostatik verschlechtert. Die Luft wird trockener und die Schleimhäute können dadurch austrocknen.

In meiner Praxis sehe ich immer wieder Pferde, die mit Headshaking, starken Kopfschmerzen, Körperwahrnehmungsstörungen, Konzentrationsstörungen, langsam reagierenden Organe sowie der Beeinträchtigung von gewissen Körperteilen durch den Einfluss von Strommasten zu tun haben. Ich empfehle jedem meiner Klienten, Strommasten so gut es geht zu vermeiden und einen großen Abstand einzuhalten, vor allem in dem Bereich, in dem die Pferde sich am meisten aufhalten.

Magnetische Felder

Der bekannteste Verursacher von magnetischen Feldern ist die Erde. Künstliche magnetische Felder entstehen auch durch magnetisierte Metalle wie Stahl. Sie überlagern und verzerren damit das natürliche Erdmagnetfeld. Da die Felder frequenzlos sind, spricht man auch von Magnetostatik.

Magnetische Felder durchströmen unseren und auch den Körper unserer Pferde ungehindert und können sich auf unsere Zellen depolarisierend auswirken. Im Organismus werden elektrische Spannungen erzeugt. Unser Eigenmagnetismus wird dadurch gestört.

Elektrische Wechselfelder

Elektrische Wechselfelder werden durch spannungsführende Leitungen verursacht. Dabei ist es nicht wichtig, ob dort Strom fließt oder nicht. Diese elektrischen Wechselfelder können die Spannung in unserem Körper oder dem Körper des Pferdes erhöhen. Solche erhöhten Körperspannungen bewirken z. B. ein Absinken des Melatoninspiegels. Das Hormon Melatonin steuert unseren Tag-Nacht-Rhythmus. Ein reduzierter Melatoninspiegel führt in der Regel zu Schlafstörungen und erhöht das Krebsrisiko. Manche reagieren mit Verspannungen, Kopfschmerzen oder Allergien.

Geologischer Bruch

Ein geologischer Bruch ist eine tektonische Bruchstelle im Gestein, die zwei Gesteinsbereiche gegeneinander versetzt. Durch diesen entstandenen Spalt dringt eine höhere und intensivere Erdstrahlung an die Erdoberfläche. Befindet sich solch eine Bruchstelle unterhalb eines Stalles, einer Weide oder eines Hauses, kann dies erhebliche Auswirkung auf die Bausubstanz und den Körper haben. Verspannungen im Körper, Rückbildung der Rückenmuskulatur bzw. eine geschwächte Rückenmuskulatur kann auch durch erhöhte Erdstrahlung verursacht werden.

Wasseradern

Unterirdische Wasseradern bilden sich, wenn Regenwasser in den Boden eindringt und auf wasserundurchlässige Bodenschichten stößt. Dort läuft es dann, den Gesetzen der Schwerkraft folgend, bergab. Über Wasseradern verdichtet sich die natürliche Erdstrahlung proportional zur Menge des fließenden Wassers. Befindet sich über einer Wasserader eine Box oder ein Schlafplatz, können sich Beschwerden wie Nervosität, innerliche Unruhe, Schlafstörungen, Rheuma, Gicht, Gelenkschmerzen, Migräne oder Schwermut zeigen.

In meiner Kinesiologie-Ausbildung haben wir ein Pferd behandelt, das zunehmende Hautprobleme hatte. Alles, was die Besitzerin tat, blieb wirkungslos. Wir testeten gemeinsam aus, was die Ursache für die offenen und juckenden Hautstellen sein könnte. Es waren keine körperlichen und keine fütterungsbedingten Ursachen. Im Laufe der Austestung fanden wir heraus, dass es sich um ein extrinsisches Störfeld handelte. Die Austestung zeigte, dass eine hohe Belastung an Kohlenstaub auf der Weide herrschte. Über die Rücksprache mit der Besitzerin bestätigte sich das Testergebnis, denn die Weide des Pferdes befand sich direkt neben einer Kohlefabrik und der Kohle beladene Zug fuhr neben der Weide. Der Kohlenstaub setzte sich auf der Wiese ab, die das Pferd fraß und gelang somit in den Körper des Pferdes. Im Organismus des Pferdes wurde dadurch das Darmmilieu gestört, wodurch sich die Hautprobleme entwickelt haben. Die Besitzerin wechselte den Stall und die Haut regenerierte sich. Das Pferd ist seitdem frei von dieser Belastung.

Ställe, die auf Wasseradern oder -rohren, Quellen, mineralischen Ablagerungen oder Erzlagerstätten stehen, können also einen ungünstigen Einfluss auf ihre Bewohner ausüben. Durch die Anwendungen wie Körperarbeit, Kinesiologie, Cranio-Sacral-Therapie oder Heilbehandlung können diese Störungen behoben werden. Jedes Lebewesen reagiert anders auf die Einflüsse der Umwelt – von Kopfschmerzen, Strahlfäule über Depression bis hin zu lebhaftem und nervösem Verhalten.

Energetische Atmosphäre

Die energetische Atmosphäre wird oft unterschätzt, denn auch unsere Vergangenheit bzw. jene der Räumlichkeiten, in denen wir wohnen oder unsere Pferde leben, haben erhebliche Auswirkungen auf unseren Körper und unseren emotionalen Zustand. An diesen Orten hat man das Gefühl, uns drückt jemand oder etwas nieder, man fühlt sich ausgelaugt und müde. Ein Gefühl, krank zu werden, breitet sich aus.

Viele meiner Klienten fühlen sich auch beobachtet in ihren Räumlichkeiten oder können nicht schlafen, klar denken oder haben das Gefühl, sie werden verrückt. Verlässt man diesen Raum und diese Umgebung, beruhigt sich das System und unser Organismus und man fühlt sich wieder wie vorher.

Auf einem Bauernhof in ländlicher Gegend zeigte sich mir, welche Auswirkungen negative Energien auf uns und unseren Körper haben. Schon als ich ankam, bemerkte ich, dass irgendetwas nicht stimmte. Es war ein Gefühl des „Nicht-gewollt-Seins" – ein Gefühl, hier nicht willkommen zu sein. Ich war zum ersten Mal an diesem Ort und wusste noch nichts über diese Familie und deren Pferde. Die Besitzerin der Pferde war stets bemüht; das

Wohl der Tiere stand bei ihr an oberster Stelle. Als ich anfing, mit ihrem Pferd zu arbeiten, spürte ich dieses Gefühl immer intensiver. Auch das Pferd fing an, sich zu bewegen und konnte kaum ruhig stehen. In diesen Momenten stellte ich immer wieder Fragen. Fragen, die den Raum öffnen, um Antworten oder Impulse zu empfangen. Dadurch hatte ich den Impuls, die Besitzerin zu fragen, ob sie sich in dieser Familie wohl und willkommen fühle. Diese Frage bewegte sie sehr, und sie erzählte mir, dass es hier auf diesem Hof quasi Tradition war, der Schwiegertochter das Leben schwer zu machen. Jemand Neues wäre hier nicht willkommen – und dies nun schon seit Generationen. Auch das Pferd reagierte auf diese Erzählung und beruhigte sich allmählich, denn das Tier hatte ähnliche Erfahrungen gemacht. Es wurde verstoßen und abgegrenzt, weil es anders war. Ich bekam den Impuls von hellem Licht, eine Lichtsäule über den Bauernhof zu visualisieren und Folgendes zu sprechen:

Die Lichtsäule verbindet den Bauernhof mit der Erde und den Himmel, mit der Urquelle oder der göttlichen Intelligenz.

„Alles Negative, das sich hier auf diesem Hof befindet, all die gesammelten Erfahrungen der Ahnen, die hier abgespeichert sind, die nicht mehr dem höchsten göttlichen Wohl dieser Familie dienen, werden nun aufgelöst. Dazu gehören all die Erlebnisse, Vorstellungen, all das Unausgesprochene, all die Muster und Prägungen aller Vorfahren und Ahnen, die dem Wohl dieser Familie nicht mehr dienen werden – sie werden nun aufgelöst.
Alles, das nicht mehr zu ihrem eigenen höchsten göttlichen Wohl ist, soll jetzt vollständig ins Licht geschickt, transformiert und aufgelöst und bei Bedarf geheilt werden. Mitsamt allen dazugehörigen Speicher- und Sicherungskopien, allen Abdrücken, Schwüren, Gelübden und Eiden, Versprechungen sowie allen Auswirkungen und Nebenwirkungen auf allen Ebenen, in allen Dimensionen, in allen Energiefrequenzen, in allen parallelen Realitätsebenen sowie in allen Welten und

allen Zeiten und Zeitlinien, über Raum und Zeit hinweg, in
Vergangenheit, Gegenwart und Zukunft.
Ich bitte darum, alle Verstrickungen, Muster, Einschränkungen,
Blockaden, Krankheiten und Leiden zu lösen. Alles, das ich bis
jetzt nicht genannt habe, das noch von den Vorfahren hier auf die-
sen Bauernhof Einfluss hat, das nicht dem eigenen höchsten gött-
lichen Wohl dieser Familie dient, wird jetzt vollständig ins Licht
geschickt, transformiert und aufgelöst und bei Bedarf geheilt."

Daraufhin spürte ich nach, was sich nun alles zeigte. Was sich
verändern durfte. Das Gefühl der Dankbarkeit ließ ich durch
meinen ganzen Körper fließen. Ich bedankte mich bei allen unter-
stützenden, liebevollen Energien für die bedingungslose Liebe.

Die Besitzerin des Pferdes unterstützte diesen Prozess danach
mit Räuchern (eine reinigende Mischung) und sie konnte die
Tage darauf feststellen, dass sich eine positivere Grundstim-
mung auf dem Hof zeigte. Die Familie stritt weniger, und sie
fühlte sich generell wohler als zuvor.

Die energetische Atmosphäre hat eine große Auswirkung auf uns
und unsere geliebten Tiere. Ich empfehle, mehrmals jährlich eine
energetische Räucherung deiner Räumlichkeiten vorzunehmen.

Auf einem anderen Pferdehof stellte ich fest, dass viele der dort
lebenden Pferde in Dysbalance waren, was die Lunge betraf. Ich
fühlte mich selbst krank auf diesem Anwesen, ausgebrannt und erschöpft, teilweise sogar gehetzt. Beim ersten Mal dachte ich, dass ich
mir selbst zu viel Stress machen würde und deswegen so erschöpft
war, doch diese Anzeichen hatte ich jedes Mal, wenn ich diesen Hof
besuchte. Mich ließ das Gefühl nicht los, dass hier irgendetwas
nicht stimmte. Auch die Pferde, die dort lebten, wurden von Mal zu
Mal unruhiger und nervöser. Auch die Besitzer waren angespannt.

Auch hier ließ ich Heilenergie für den gesamten Hof fließen.
Ich spürte sehr stark die Themen Tod, Trauer und Sorge um

das eigene Leben. Durch die Kinesiologie wusste ich, dass die Emotionen Trauer und Sorge mit dem Organ Lunge verbunden sind. Ich habe die Stallbesitzerin daraufhin angesprochen, und sie schilderte mir, dass hier vor Kurzem noch Strauße gezüchtet wurden und viele dieser Vögel verstorben sind. Das erklärte, dass einige der Pferde hier eine Schwäche der Lunge aufzeigten. Manche dieser Pferde verließen den Hof und zeigten keine Schwäche der Lunge mehr. Sie waren vom Gemüt her wieder voller Freude und Elan.

Die folgenden Fragestellungen basieren auf der Idee, dass der Körper subtile Informationen aufnehmen und darauf reagieren kann. Solche Fragen können helfen, herauszufinden, ob ein Ort positive oder negative Einflüsse auf das Wohlbefinden hat. Hier sind einige Beispiele für Fragestellungen:

- Ist dies ein angenehmer Ort für meinen Gegenüber?
- Ist dieser Ort der Grund dafür, dass das Pferd körperliche Probleme hat wie z. B.: Lungenprobleme?
- Ist dieser Ort förderlich für die Gesundheit und das Wohlbefinden des Pferdes?
- Gibt es hier energetische Störungen, die das Wohlbefinden beeinträchtigen könnten?
- Gibt es hier geopatische Störungen (z. B. Wasseradern, Erdstrahlen), die das Pferd belasten?
- Wirken elektromagnetische Felder an diesem Ort negativ auf das Pferd?
- Gibt es emotionale oder energetische Blockaden an diesem Ort, die das Pferd beeinflussen könnten?"
- Kann mein Gegenüber an diesem Ort gesund und erholsam schlafen/arbeiten/leben?
- Gibt es Maßnahmen, um die Energie dieses Ortes auszugleichen oder zu harmonisieren?
- Ist es für mein Gegenüber notwendig, den Aufenthalt an diesem Ort zu begrenzen?
- Ist es für das Pferd notwendig den Stall zu wechseln?

Wetter und Jahreszeiten

In den letzten Jahren wurde uns mehr bewusst, wie sehr wir von den universellen Energien, von Planeten, Monden und Geostürmen sowie kosmischen Energien beeinflusst werden. Unser Körper und unsere Psyche zeigen uns, was sich in unserem universellen Dasein zeigt, was manchmal sehr herausfordernd sein kann.

Diese Energien sind in Wellen, Strahlen oder Schwingungen spürbar und haben sich seit Urbeginn der Zeit im stetigen Austausch untereinander entwickelt. Die Pferde haben feinfühlige Antennen und die Verbindung mit dem Wetter, den Gezeiten, dem Mond und der Sonne nicht verloren. Wir Menschen sind es, die abgestumpft sind und vieles nicht mehr so wahrnehmen möchten und können wie früher.

Wetterfühlige Menschen sind bei Wetterwechsel empfänglich für Kopf- und Gliederschmerzen, Schlafstörungen, Müdigkeit, Konzentrations- und Verdauungsstörungen. Auch Pferde leiden unter diesen Phänomenen.

Halten wir Pferde nun auch noch in einer unnatürlichen Haltung, stören wir ihr inneres Gleichgewicht, sodass sie noch anfälliger für pathogene Einflüsse sind. Können Pferde ihren inneren Impulsen nicht nachgehen und werden sie von pathogenen Einflüssen gestört, werden sie frustriert, lustlos, apathisch und teilnahmslos. Ungehorsamkeit kann der Auslöser für ein Nichtagieren eines inneren Impulses sein.

Diese Energien können durch die Heilbehandlungen in diesem Buch gelindert und teilweise gelöst werden. Ein sehr feinfühliger Mensch, der schon einige Erfahrungen in diesem Bereich gemacht hat, kann diese Energien wahrnehmen und Pferden dabei helfen, aufgestaute Energien zu lösen.

Zurück zum Ursprung

„Medizin ist das Versagen der Prävention." – Sir Michael
Marmot (englischer Wissenschaftler)

Diesen Satz muss man erst einmal verdauen. Er bringt einen
zum Zweifeln, dennoch spürt man, dass ein Funke Wahrheit
darin steckt. Würden wir unsere Pferde naturnah füttern und
nicht jedes Mittel der Futtermittelindustrie kaufen, wären
Medikamente in den meisten Fällen überflüssig. Die meisten
Krankheiten entstehen dadurch, dass wir unsere Pferde weder
artgerecht halten noch naturnah füttern. Viele Krankheiten,
Verhaltensauffälligkeiten, Störungen des Stoffwechsel könnte
im Vorhinein vermieden werden.

Wenn man die vielen Zusatzmittel, ich möchte hier nichts in
ein schlechtes Licht rücken, denn auch Zusatzfuttermittel
haben ihre Berechtigung, nicht gezielt einsetzt, entgleist oftmals der Stoffwechsel. Das Immunsystem leidet darunter und
Krankheiten entstehen. Viele Zusatzmittel sind überflüssig,
wenn man darauf achtet, dass Pferde immer Zugriff auf Rau-
faser haben und die Haltung optimiert wird. Leider füttern
wir unsere Pferde viel zu viel. Oft füttern wir Zusatzmittel,
obwohl wir gar nicht wissen, warum, und füttern es nur, weil
der Stallkollege es genauso macht. Wir haben vergessen, dass
wir natürliche Mittel in Hülle und Fülle zur Verfügung haben.
Die Verstoffwechslung von künstlich hergestellten Stoffen ist
nicht dieselbe wie die natürlicher Stoffe. Deswegen ist mein
Motto: *„Zurück zum Ursprung."*

Die Futtermittel- und Pharmaindustrie hat in den letzten Jahren enorm an Bedeutung gewonnen. Sie bieten uns scheinbar
alles – von der Vorbeugung bis hin zur vollständigen Heilung.
Doch ist es wirklich so, dass all diese Futtermittel und chemisch
produzierten Präparate unseren Pferden tatsächlich helfen?

Wenn diese Mittel so wirksam wären, wie behauptet, müssten wir dann nicht längst frei von kranken Pferden sein?

Doch leider zeigt sich das Gegenteil.

In den vielen Ställen, die ich besuche, finde ich kaum einen, in dem es keine kranken Pferde gibt. Wie konnte es so weit kommen? Der Grund liegt darin, dass wir vergessen haben, was unsere Pferde wirklich brauchen. Wir hinterfragen die Empfehlungen und Vorgaben der Pharma- und Futtermittelindustrie kaum, sondern nehmen sie als gegeben hin. Diese sogenannten Fakten und Richtlinien vermitteln uns zwar ein Gefühl von Sicherheit, doch sie sind nur ein Teil des Ganzen. Werte wie Blut- oder Zuckerwerte mögen Anhaltspunkte geben, doch sie erzählen uns wenig über den tatsächlichen Zustand der Zellen unserer Pferde.

Dabei ist jedes Pferd einzigartig. Kein Tier gleicht dem anderen, und deshalb können allgemeine Zahlen und Richtlinien nicht für alle gleichermaßen gelten. Das soll nicht bedeuten, dass solche Richtlinien keine Berechtigung haben – in bestimmten Fällen können sie durchaus hilfreich sein. Doch in den meisten Fällen ließe sich das Leiden unserer Pferde vermeiden, wenn wir ihnen von Anfang an eine artgerechte Haltung und naturnahe Ernährung bieten würden.

Es ist an der Zeit, dass wir unsere Verantwortung als Pferdehalter neu überdenken und uns darauf besinnen, was unsere Pferde wirklich brauchen, um gesund und glücklich zu leben.

Schlechtes bis gar kein Futter

Leider ist es noch immer Brauch, beim Futter zu sparen oder Pferde mit unnatürlichen Futtermitteln zu füttern. Bei einer Behandlung, die ich durchführe, spüre ich auf vielen Ebenen, wo ein Ungleichgewicht herrscht. Im Bereich der Verdauungsorgane und des Darms bestehen sehr häufig Probleme. Nicht nur, dass das Pferd eine natürliche Bewegung benötigt, sondern auch, dass es über einen längeren Zeitraum hinweg grasen muss. Das Pferd benötigt diesen Vorgang, um einen natürlichen inneren Prozess aufrechtzuerhalten. Erlaubt man einem Pferd nicht, dass es immer wieder Futter zur Verfügung hat und in einer Box lebt, haben Forschungen gezeigt, dass diese Pferde einen geringeren Serotoninspiegel sowohl im Gehirn als auch in den Verdauungsorganen vorweisen. Serotonin wird im Hirnstamm produziert und spielt eine wichtige Rolle in unserem Körper. Es wirkt als Neurotransmitter, der Informationen zwischen Nervenzellen weiterleitet, und als Vasokonstriktor, der Blutgefäße verengt. Wenn der Serotoninspiegel zu niedrig ist, kann das zu Problemen wie Depressionen, Kopfschmerzen und einer höheren Anfälligkeit für Stress führen.

Es sollte von Besitzern das Ziel sein, Pferde so natürlich wie möglich zu halten. Halten wir unsere Pferde so natürlich wie nur möglich und geben ihnen natürliches Futter, sind Koliken, Magengeschwüre, Kotwasser, Durchfall, Depressionen und Verhaltensauffälligkeiten kein Thema mehr für unsere Pferde. Studien zeigen, welche schwerwiegende Folgen ein zu frühes Reiten, dominantes domestizieren oder ein zu frühes trennen von der Mutter und unnatürliches Futter für den Körper und auch die Psyche haben. Es sind Schmerzen, die wir unseren Pferden zufügen, die wir jedoch mit Leichtigkeit, einem gewissen Feingefühl und viel Liebe lösen könnten.

Ein Ungleichgewicht in den Verdauungsorganen macht sich oft durch besonders viele und laute Darmgeräusche und Blähungen bemerkbar, wenn die Energie wieder zu fließen und sich zu verändern beginnt.

Auswirkungen von Silage und Heulage

Silage und Heulage benötigen einen silierten Prozess eines Grases. Dadurch entstehen Milchsäurebakterien (dadurch riecht dieses Futter auch säuerlich), ähnlich wie bei der Herstellung von Sauerkraut. Damit dieser Prozess funktionieren kann, benötigt es einen kompletten Luftabschluss (deswegen auch die Wickelmethode), einen hohen Gehalt an Proteinen und Zucker und genügend Feuchtigkeit, damit die Milchsäurebakterien sich schnell vermehren und ein pH-Wert von 5 erreicht wird. Erst dann tritt die sogenannte Keimruhe ein.

Das Problem ist, dass bei der Produktion von Heulage das Gras später geschnitten wird, also das Gras stängeliger ist, weil es einen hohen Rohfaseranteil und einen relativ niedrigen Protein- und Zuckergehalt hat; dies wiederum bietet wenig Nahrungsgrundlage für die Milchsäurebakterien. Durch das stängelige Gras ist der vollständige Luftabschluss verhindert, sodass Schimmelpilze entstehen können. Schimmelpilze produzieren neben Antibiotika auch Mykotoxine, die für das Pferd giftig sind. Es kann zu einer schleichenden innerlichen Vergiftung kommen und erheblichen Schaden im Stoffwechsel verursachen.

Durch die Milchsäurebakterien in der Silage und Heulage kommt es dazu, dass der Darm sauer wird; dies führt zu Darmschleimhautentzündungen. Durch den sauren pH-Wert siedeln sich Milchsäurebakterien im Darm an und die Zellulosebakterien sterben ab. Zellulose kann dadurch nicht mehr verwertet werden, stattdessen wird Milchsäure produziert. Das Pferd kann dadurch keine Energie gewinnen.

Innerhalb einer Woche kann das Darmmilieu des Pferdes durch die Fütterung von Silage zerstört werden; bei Heulage dauert dies drei Wochen.

Obwohl Heulage gegenüber Heu einen hohen Protein- und Energiegehalt hat, ist diese Energie für das Pferd schädlich, denn es ist kein pflanzliches Protein, sondern ein bakterielles Protein der Milchsäurebakterien.

Zudem liefern Milchsäurebakterien dem Pferd keine B- und K-Vitamine, sodass es zu einem Vitaminmangel führen kann. Vor allem das Fehlen der B-Vitamine hat erhebliche Auswirkungen auf das ganze Stoffwechselgeschehen, dies kann auch unter anderem zu Kryptopyrrolurie (KPU) führen.

Diese Schäden im Darm sind Jahre später noch zu sehen und können über Generationen weitergegeben werden. Wenn Zuchtstuten die Heulage, Silage bekommen haben, trächtig sind bzw. ein Fohlen bekommen, ist die Wahrscheinlichkeit hoch, dass dieses Fohlen von Grund auf eine gestörte Darmflora hat, da es den Kot der Mutter frisst, um seine Darmflora aufzubauen. Das bedeutet, dass diese Fohlen mit großer Wahrscheinlichkeit ein Leben lang Probleme haben kann.

Symptome:

- *Energiemangel, Apathie, Müdigkeit, Leistungsabfall*
- *Übersäuerung des Bindegewebes und des Darms*
- *Darmschleimhautentzündungen -> Überlastung des Immunsystems*
  - *Kotwasser, Durchfall*
  - *Allergien, Ekzeme, Infektionsanfälligkeit, Futterunverträglichkeit*
- *Überbelastung der Leber und Niere*
- *Vitaminmangel*
  - *Stumpfes Fell, Gereiztheit, nervöse Symptome, Haarausfall*
- *Entstehung von Krankheiten wie Hufrehe, Hufabszesse, Strahlfäule, Mauke, Sehnen- und Bänderschäden, Dämpfigkeit, angelaufene Beine, COBD etc.*

Naturnahe Fütterung

Eine naturnahe Fütterung enthält Heu ad libitum, das am besten ständig zur freien Verfügung steht. Bei Pferden, die zu Übergewicht neigen, hat sich die zeitgesteuerte Fütterung mit ausreichend Knabberästen und Stroh während der Pausen bewährt. Dies kann wiederum bei den natürlichen Fresspausen der Herde abgesperrt werden, um diese etwas zu verlängern.

Gesunde Pferde fressen nur die Menge am Tag, die sie benötigen, also ca. 2–3 kg pro 100 kg pro Tag (ein Pferd mit 400 kg frisst ca. 12 kg/Tag). Heu ad libitum ist vielfältig einsetzbar. Man kann mehrere Fressplätze platzieren (was wiederum vorteilhaft ist bei mehreren Pferden, um Stress zu mindern). Somit sind die Pferde ständig in Bewegung. Durch das Mischen von Heu und Stroh sind sie beschäftigt und fressen langsamer. Heunetze führen dazu, dass sie langsamer fressen, hier bitte darauf achten, nicht zu kleinmaschige Netze zu verwenden.

Versuche so gut wie möglich das Heu vom Boden aus zu füttern, denn dies unterstützt die natürliche Haltung des Pferdes und beugt Verspannungen im Genickbereich vor.

Im Heu findet man viele Gräser und Kräuterpflanzen mit unterschiedlichen Geschmäcken. Je nachdem, woher das Heu kommt, hat es einen anderen Geschmack bzw. sind andere Kräuter und Nährstoffe enthalten. Die Geschmacksrichtungen reichen von süß bei hohem Zuckergehalt über sauer, insbesondere bei Heu von Feuchtwiesen oder Bachrändern, bis zu bitter, wenn viele Bitter- oder Gerbstoffkräuter enthalten sind. Über die Jahre wurde festgestellt, dass nicht nur der erste Schnitt geeignet ist für die Pferde, sondern auch der zweite Schnitt. Bitte achte darauf, dass das Heu langfaserig ist, da es sich positiv auf das gesamte System auswirkt. Bewährt hat sich in den letzten Jahren eine Mischung aus erstem und zweitem Schnitt.

Pferde, die vorher wenig Heu zur Verfügung hatten, fressen die ersten sechs Monate mehr davon, als sie benötigen. Da sie vorher gelernt haben, dass Heu selten zur Verfügung ist, was sie stresst, fressen sie pausenlos. Bitte gib diesen Pferden Zeit, sich einzugewöhnen.

Pferde, die sich nicht nach sechs Monaten beim Fressen einpendeln, haben meistens einen geschädigten Stoffwechsel. Stoffwechselerkrankungen wie Kryptopyrrolurie (KPU) sind insulinresident. **Insulinresidenz** entsteht nicht nur durch zu wenig Futter, sondern auch durch zu viel zuckerhaltiges Futter. Die Muskeln sagen ständig, dass sie Energiemangel haben, weil sie den Zucker aus dem Futter nicht mehr verwerten können, und deswegen fressen sie ständig. Das Tier nimmt durch die Heufütterung Zucker auf, dieser Zucker lässt den Blutzuckerspiegel hochschießen, aber kommt nicht im Muskel an. Bei solchen Pferden müssen zuerst die Zellen wieder insulinsensitiv gemacht werden, danach pendelt sich der Stoffwechsel ein. Dies ist ein langer Prozess. **Kryptopyrrolurie (KPU)** entsteht, weil die Darmflora gestört ist. Der Entgiftungsvorgang funktioniert nicht mehr einwandfrei; deswegen versuchen die Pferde über Dauerfressen, den Stoffwechsel auszugleichen. Diese Pferde zeigen auch Stressverhalten beim Fressen.

Stroh

Stroh ist ein hervorragendes Zusatzfuttermittel. Das goldgelbe Stroh, ohne Schimmelbelastung und langstielig, besteht überwiegend aus Cellulose. Der Darm besteht aus Cellulosebakterien, dadurch können diese Bakterien hervorragend die Cellulose aus dem Stroh aufspalten und verwerten. Daher ist Stroh ein großartiger Energielieferant.

Kraftfutter bitte in Maßen füttern, dann ist es vollkommen okay, eher nur Sportpferden füttern, die wirklich hart trainieren. 1 bis 2 kleine Joghurtbecher für ein Freizeitpferd sind okay, aber bitte achte hier auf einen hohen Energiegehalt. Verteile die Portion, wenn möglich, auf mehrere Portionen, damit das Pferd diese Menge ordentlich verdauen kann, eventuell streust du diese Menge an Kraftfutter über das Heu, das beschäftigt das Pferd und es wickelt auch noch das Kraftfutter in den Heuwickel und wird dadurch besser gekaut und verwertet. Viel Wasser zur Verfügung stellen.

Hafer

Hafer ist das traditionelle Korn in unserer Pferdefütterung. Er ist energiereich und relativ proteinarm, enthält einen hohen Anteil an wertvollen, ungesättigten Fettsäuren sowie Schleimstoffe, die wiederum gut verdaulich sind. Die Stärke des Hafers ist leicht verdaulich und wird schnell in Energie umgesetzt, da es im Dünndarm schnell verdaut wird. Die enthaltenen Schleimstoffe bevorzugen Pferde, die zu Verstopfungskoliken neigen. Robustrassen, Barockpferde und Pferde aus den Araberlinien verstoffwechseln den Hafer schlechter als, wie Warmblüter, Vollblüter, die Sportpferde. Bei diesen Pferden „sticht" der Hafer und steigt ihnen zu Kopf, dies sieht man innerhalb 2 Tagen. Der Stoffwechsel dieser Pferde ist durch ihre Herkunft nicht auf dieses hochenergetische Futter ausgelegt. Achte bitte darauf, dass du gequetschten Hafer in kürzester Zeit verfütterst, da er schneller verdirbt als das der ganze Hafer.

Gerste

Gerste ist das traditionelle Pferdefutter des Orients, daher vertragen Araber, Spanier, eigentlich fast alle Pferde sehr gut. Die Umstellung auf die Gerstenfütterung sollte langsam erfolgen (2-4 Wochen), da es sonst zu Hufrehe führen kann. Die Gerste ist energiereich und proteinarm, rohfaserarm und hat ein ausgeglicheneres Aminosäurenmuster als Hafer. Gerste wird in gequetschter oder gewälzter Form verfüttern und nur in kleinen Mengen. Am besten wieder über das Heu streuen, dies verlängert die Aufnahmezeit, erhöht die Verdaulichkeit und reduziert den Stoffwechselstress. Die umgesetzte Energie im Pferdekörper gelangt langsam im Blut und hat nicht so eine extreme Wirkung auf das Pferd, wie der Hafer.

Kräuter zur Unterstützung des Stoffwechsels ist immer eine sehr gute Abwechslung.

Laub, Äste, Blätter

„Gegen jede Krankheit ist ein Kraut gewachsen.“

Ein volkstümliches Sprichwort, das der Wahrheit entspricht. In der Natur finden wir einige Pflanzen, die unseren Stoffwechsel oder bei Mangel in irgendeinem Bereich unterstützt. Kräuter, Äste und Laub helfen unserem Körper, wieder ins Gleichgewicht zu kommen und die Selbstheilungskräfte zu aktivieren. Wir dürfen wieder lernen, dieses Wissen der Natur zu nutzen und für unseren Körper und den Körper unserer Pferde einzusetzen.

Die Verdauung des Pferdes ist auf die Verwertung unterschiedlicher Pflanzen und Pflanzenteile ausgelegt. Heu und Weidegras gehören heute in den meisten Ställen zum Standard. Andere Pflanzenteile, die sich Wildpferde in Busch- oder Waldlandschaften suchen, fehlen hingegen oft.

Pferde haben ein sehr breites Nahrungsspektrum, das weit mehr als Gras umfasst. Neben verschiedensten Kräuterpflanzen pflücken sie auch gern Beeren und andere Früchte, sie klauben Nüsse auf und knabbern gern an Blättern und Zweigen verschiedener Pflanzen. Mit dieser Ernährung nehmen sie nicht nur Rohfasern auf, sondern auch wichtige Mineral- und sekundäre Pflanzenstoffe, die sie für ihr physiologisches Gleichgewicht benötigen.

Nicht jeder Pferdebesitzer hat die Möglichkeit, Waldgebiete oder Buschlandschaften mit in seine Koppeln einzuzäunen und den Pferden damit das natürliche, breite Pflanzenangebot zur Verfügung zu stellen.

Hier findest du eine Liste mit einigen Kräutern, Laub und Ästen, die du deinem Pferd geben kannst. Achte bitte darauf, dass du Zusatzmittel wie Kräuter, Mineralfutter & Co. deinem Pferd nur kurweise gibst, denn so gibt es uns die Natur vor.

Von der Industrie sind wir verwöhnt, weil immer alles zur Verfügung steht. Wir bekommen Erdbeeren im Winter, können Ananas aus Costa Rica kaufen und lassen viele andere Obst- und Gemüsesorten von weit her zu ungewöhnlichen Jahreszeiten transportieren. Doch in der Natur gibt es gewisse Pflanzen, Kräuter und Obst- und Gemüsesorten zu gewissen Jahreszeiten. So ist auch der Stoffwechsel unserer Pferde eingestellt, auch in der Natur haben sie nicht jeden Tag Äpfel, Birnen oder Schafgarbe zur Verfügung. Das sollten wir bei der täglichen Fütterung unserer Pferde beachten.

- **Birkenblätter** sind reich an Kalzium und Zink, unterstützen Blase und Nieren, wirkt blutreinigend.
- **Himbeerblätter** sind reich an Eisen und Mangan, sind gut für Stuten, die gedeckt werden sollen.
- **Brombeerblätter** haben einen hohen Gehalt an Mangan, Kalium und Kalzium und unterstützen Pferde bei trockenem Husten.
- **Lindenblätter** enthalten Eisen und Mangan, wirken entspannend und unterstützen die Behandlung von Erkältungen.
- **Weidenblätter** sind reich an Selen, Zink und Mangan und enthalten schmerzlindernde Salicylate (günstig auch für Rehepferde wegen Blutverdünnung).
- **Eschenblätter und -knospen** tun der Niere gut und enthalten Antioxidantien.
- **Ebereschenblätter** sind reich an Magnesium.

- **Weißdorn** ist in allen Teilen herzstärkend.
- **Haselnussrinde und -blätter** enthalten Eisen, Mangan und Kalzium. Die Knospen sind reich an wertvollen Aminosäuren.

Achtung giftig!

- Berberitze
- Bergahorn
- Atypische Weidemyopathie
- Buchsbaum
- Eibe
- Eiche
- Größere Mengen an Eicheln können zu Koliken führen
- Lorbeer
- Rote Heckenkirsche
- Thuja
- Zwergholunder

Kräuter

- **Thymian:** schmerzlindernd, schleimlösend, entzündungshemmend
- **Rosmarin:** entgiftend, kräftigend, entzündungshemmend
- **Brennnessel:** stoffwechsel, fördert die Entgiftung (Leber), blutreinigend, Abwehrkräfte
- **Salbei:** blähungen, schleimlösend (Lunge), entzündungshemmend
- **Schafgarbe:** entzündungshemmend (Magen-Darm-Trakt), Blähungen
- **Königskerze:** atemwege, schleimlösend, krampflösend, fiebersenkend
- **Kümmel:** krampfstillend, magenstärkend, harntreibend, verdauungsfördernd

- **Zinnkraut:** stoffwechsel, harntreibend, rheumatische Erkrankungen
- **Anis:** blähungstreibend, krampfstillend, magenstärkend, verdauungsfördernd, schleimlösend, rossefördernd und beruhigend
- **Fenchel:** blähungstreibend, krampflösend (Magenmittel), beruhigend, unterstützt Leber und Milz
- **Malvenkraut:** beruhigende Wirkung, entzündungshemmend (Mund, Magen-Darm-Trakt, Haut), fiebersenkend, enthaltende Schleimstoffe
- **Baldrian:** beruhigende, entspannende Wirkung, Beruhigung des Zentralen Nervensystems

Es gibt in der Natur noch viel mehr Kräuter und Heilpflanzen für Pferde. Nur um einige zu nennen, findest du hier eine Liste mit Kräutern und wofür sie am besten wirken.

Übersicht für das richtige Heilkraut

Immunsystem	Bockshornklee, Brennnessel, Hagebutte, Mistel, Petersilie, Sonnenhut, Eisenkraut
Altersbeschwerden	Beinwell, Birkenblätter, Brennnessel, Mistel, Weißdorn, Bockshornklee, Goldrute, Salbei
Bewegungsappara	Beinwell, Brennnessel, Heublumen, Kamille, Löwenzahn, Mädesüß, Mistel, Ringelblume, Rosmarin, Weißdorn, Ginkgo, Teufelskralle
Ekzeme/Fellprobleme	Brennnessel, Eibisch, Hagebutte, Löwenzahn, Mädesüß
Entzündungen	Arnika, Beinwell, Brennnessel, Eibisch, Kamille, Lavendel, Mädesüß, Sonnenhut, Weißdorn
Erschöpfung	Arnika, Baldrian, Brennnessel, Hagebutte

Herz-Kreislauf-System	Brennnessel, Löwenzahn, Mariendistel, Mistel, Minze, Rosmarin, Weißdorn, Zinnkraut, Ginkgo, Herzerlkraut, Brombeerblätter
Hufrehe	Beinwell, Brennnessel, Löwenzahn, Schafgarbe, Thymian, Weiderinde, Mädesüß, Birkenblätter, Ackerschachtelhalme
Husten/Bronchitis	Anis, Eibischwurzel, Fenchel, Kamille, Salbei, Thymian, Isländisch Moos, Königskerzenblüten, Lindenblüten, Süßholzwurzelextrakt
Kolik	Anis, Kümmel, Fenchel, Baldrian, Kamille, Eibischwurzel
Magen/Darm	Baldrian, Eibisch, Kamille, Kümmel, Mädesüß, Ringelblume, Süßholzwurzelextrakt
Nervensystem/Psyche	Baldrian, Hopfe, Kamille, Lavendel, Rosmarin, Melisse, Brennnessel
Leber und Pankreas	Heidelbeerblätter, Artischockenblätter, Rosmarinnadeln, Schafgarbe, Löwenzahnkraut mit Wurzeln, Ysop
Nieren	Birkenblätter, Queckenwurzel, Orthosiphon, Ehrenpreis, Petersilienstiele und Hauhechelwurzel, Brombeerblätter, Brennnessel, Anis, Ackerschachtelhalm, Beifuß, Stiefmütterchen, Goldrute, Engelwurz, Wacholderbeeren, Erikablüten
Hormonhaushalt	Frauenmantel, Himbeerblätter, Lindenblätter, Zinnkraut, Melisse, Ringelblume, Kamille, Fenchelsamen und Isländisch Moos, Mönchspfeffer

Schlafmangel bei Pferden

Meinen Beobachtungen zufolge steigt auch der Schlafmangel nicht nur bei uns Menschen, sondern auch bei unseren geliebten Pferden. Viele wissenschaftliche Untersuchungen zeigen, dass ein ausgewachsenes Pferd verschiedene Schlafmuster hat. Dieses Muster unterscheidet sich auch in den Längen der verschiedenen Schlafphasen. Auch das ist einzigartig unter den Tieren, denn diese verschiedenen Schlafphasen laufen „polyphasisch" ab, da mehrere Schlaf- und Wachphasen ineinander übergehen.

Insgesamt verbringen Pferde zwischen 5 bis 9 Stunden mit Ruhen, Dösen und Schlafen. Die reine Schlafzeit bei erwachsenen Pferden liegt bei 3 bis 4 Stunden pro Nacht. Davon verbringen sie ca. eine Stunde im Leichtschlaf, etwa zwei Stunden im Tiefschlaf und nur etwa 30 Minuten in der REM (Rapid Eye Movement)-Schlafphase. Am Stück beträgt die Schlafphase eines Pferdes meist zwischen 35 bis 90 Minuten. In dieser Zeit werden im Idealfall alle Schlafphasen durchlaufen. Die Einteilung der gesamten Schlafzeit in mehrere Abschnitte ist für das Beute- und Fluchttier Pferd besonders wichtig, da so das Angreiferrisiko vermindert wird.

Die REM-Phase ist zwar eine sehr kurze, aber für das Pferd essenzielle Phase, die für die Gesunderhaltung und Leistungsfähigkeit notwendig ist. Diese Phase ist gut erkennbar, da hier der Muskeltonus sinkt und die Augenbewegung gegenläufig ist. Aus diesen Gründen können Pferde diese Phase nur in Seiten- oder Bauchlage mit abgelegtem Kopf durchlaufen. Im Jahr 2014 ergab eine Untersuchung an sieben Pferden, die über 27 Nächte beobachtet wurden, dass diese nach Mitternacht deutlich häufiger in eine Liegephase wechselten. Die Liegepositionen unterschieden sich von Pferd zu Pferd. Dem Anschein nach gibt es auch bei Pferden verschiedene Schlaftypen, deren Bedürfnisse in der Haltung und dem Tages- und Nachtrhythmus unterschiedlich sind.

Hier kommen wir zum entscheidenden Punkt: Wir müssen in der Haltung unserer Pferde darauf achten, dass jedes Tier seinen Schlaftyp ausleben kann, das bedeutet, genügend Platz zum Schlafen, geeignete Schlafplätze und genügend Ruhe. Leider bekommt dieses Thema noch immer zu wenig Anerkennung in den Ställen. Viele Pferde möchten sich in einer Box nicht niederlegen, weil es ihnen zu eng ist. Sie haben Angst, dass sie sich festliegen und nicht mehr aufstehen können. Pferde im Offenstall können sich zwar an manchen Stellen hinlegen, doch Pferde, die eine niedrige Rangordnung haben, haben auch hier Angst und Bedenken, von den anderen Herdenmitgliedern während der Schlafphase attackiert zu werden. Zu große Gruppen, zu wenig oder fehlende eingestreute Liegeflächen und zu wenig Raufutterangebote können das Verhalten begünstigen.

Pferde legen sich nur dann entspannt hin, wenn sie sich sicher und wohlfühlen und jederzeit ruckartig aufstehen können, wenn Gefahr droht. Fühlt das Pferd sich in dieser Haltung in dieser Herde nicht wohl, dann kann es sein, dass es sich selten bis gar nicht mehr hinlegt. Das betrifft nicht nur rangniedrigere Pferde, sondern kann genauso ranghohe Pferde betreffen, die einen intensiven Kontrolldrang haben und immer genau wissen müssen, was innerhalb der Herde passiert. Beide Typen können schnell in einen Schlafmangel rutschen, der große gesundheitliche und auch psychische Mangelerscheinungen verursachen kann.

Bei einem kurzzeitigen Schlafmangel kommt es zu einer Verlängerung der Gesamtschlafzeit während der Erholungsphase. Legt sich ein Pferd über einen längeren Zeitraum nicht mehr hin, kommt es zu einem sogenannten REM-Schlafmangel, der unter Umständen schwerwiegende Folgen haben kann. Eine davon ist die Pseudonarkolepsie, die durch einen REM-Schlafmangel ausgelöst wird.

Diese Pferde können dabei beobachtet werden, dass sie beim Dösen plötzlich mit den Vorderbeinen wegknicken, aber meist noch im Fallen, spätestens beim Aufschlagen der Karpalgelenke auf den Boden aufwachen und sofort aufspringen. Häufige Wechsel in der Herde, Boxenhaltung und generell Stress in der Herde können dazu führen, dass die Tiere sich nicht mehr hinlegen und ihnen somit die Tiefschlafphase entzogen wird.

Alternative Maßnahmen

- Die notwendigen Ruhe- und Rückzugsmöglichkeiten für alle Pferde.
- Haltung in einer ruhigen, altersgerechten, kleinen Offenstallgruppe oder eine Unterbringung über Nacht in einer Auslaufbox.
- Die Liegebereiche in einer Gruppe sollten groß genug sein und für jedes Pferd sollte ein Platz vorhanden sein.
- Man sollte darauf achten, dass die Pferde 2- bis 4-mal mehr Platz benötigen, sich hinzulegen, als in manchen Boxen vorhanden ist, um ihren persönlichen Platz zu wahren.
- Auch die Gruppenzusammensetzung ist essenziell. Es sollten vermehrt Pferde zusammen in einer Herde stehen, die vom Charakter und Typ her ähnlich sind. So kann man großen Stress vermeiden und die Pferde fühlen sich von Haus aus wohler in der Gruppe.
- Ausreichend Raufutter (Heu ad libitum oder zeitgesteuerte Raufen bei stoffwechselkranken Pferden) sowie angepasste Raufutterplätze.

Beachtet man diese Maßnahmen, minimiert sich der Stress in der Herde auf ein Minimum. Leider ist in manchen Ställen das Geld wichtiger als das Wohl der Pferde. Offenställe, die für zehn Pferde geeignet sind, sind überfüllt, wenn sich dort 20 bis 25 Pferde in diesem Stall befinden. Auch der Zusammensetzung der Herde sollte mehr Beachtung geschenkt werden, denn ich sehe oft, dass vom Stoffwechseltyp her verschiedene Pferde zusammenleben. Natürlich muss dies nicht immer ein Grund sein, dass Stress in der Herde ist. Dennoch sind ein Araber und ein Noriker vom Stoffwechsel grundverschiedene Typen: Der Araber, der nährstoffreiches Futter benötigt, und der Noriker, der karges Futter benötigt, sollten schon von der Fütterung her anders gefüttert werden. Dies kann nicht nur bei den Pferden zu Stress führen, sondern auch bei den Stallbesitzern. Der Stallbesitzer muss ständig Futterwechsel und/oder Futter zufüttern. Du siehst, es ist von einem großen Mehraufwand die Rede. Hier würde man sich selbst auch etwas Gutes tun, wenn man darauf achten würde, dass ungefähr die gleichen Stoffwechseltypen in der Herde zusammen sind.

Auswirkungen von Schlafmangel

*   Starke Stimmungsschwankungen bis hin zu depressiven Verstimmungen
*   Innerlicher Stress, der auf die Organe übergeht und dadurch Verdauungsbeschwerden, Kotwasser, Magengeschwüre & Co. entstehen können
*   Körperliche Verspannungen und Blockaden im gesamten Körper
*   Verhaltensauffälligkeiten wie Weben, Koppen oder Headshaking
*   Höhere Anfälligkeit für Verletzungen und Krankheiten

Vorab sollte man die Haltung und die Fütterung überdenken, gegebenenfalls verändern. Anwendungen wie aus diesem Buch, Cranio-Sacral-Balancing sowie Kinesiologie können dem Pferd dabei helfen, den innerlichen Stress loszuwerden und verspannte, blockierte Strukturen zu lösen und in eine Tiefenentspannung zu gehen. Werden die zuvor genannten Symptome nicht ernst genommen und die aufgestaute, festgefahrene Energie bleibt quasi im Pferd „stecken", führt dies –

sowohl körperlich als auch emotional – zu weiterem energetischen Ungleichgewicht und damit auch zu verschiedensten Störungen in der Zukunft.

Durch die Anwendungen, gesunde Schlafphasen oder den Kontakt mit liebevollen Artgenossen teilt das Tier sich nicht nur mit, sondern tauscht auch Gefühle aus.

Der Umgang mit Pferden

Pferde müssen sich uns aus Vertrauen und Respekt unterordnen, nicht aus Angst und Hass. Das ist für mich das oberste Gebot im Umgang mit Pferden. Die hier beschriebenen Anwendungen helfen uns dabei, eine natürliche Verbindung und Verständigung zwischen Mensch und Pferd aufzubauen und ebnet den Weg zwischen dem Geist des Pferdes und dem Geist des Anwenders. Geben und Nehmen auf höchster Stufe. Man geht dadurch auf tiefer Ebene mit seinem Pferd in Verbindung und lernt es auf eine besondere Art und Weise näher kennen.

Wir arbeiten mit unseren Pferden zusammen und haben uns damit verpflichtet, sie mit Respekt und Demut zu behandeln. Das Pferd gibt uns dadurch sein Vertrauen. Wir geben dem Pferd die nötige Zeit und Zuwendung, um diese Verbindung zu stärken und eine besondere Mensch-Pferd-Beziehung aufzubauen. Treten wir mit einem Pferd auf dieser Ebene in Kontakt, werden unsere Intuition und Feinfühligkeit gestärkt, und wir öffnen uns für die feinstoffliche Ebene. Wir betreten eine Ebene ein, bei der wir uns ohne Worte – ohne Sprache und ohne Laute – verständigen können und wissen intuitiv, wie sich unser Gegenüber fühlt und was ihn bewegt. Das ist es, was uns die Pferde schenken. Sie bringen uns viel näher an uns selbst heran, wir erkennen uns selbst viel intensiver und werden dadurch feinfühliger und gefühlvoller der ganzen Welt gegenüber.

Das, was uns Pferde lehren, ist von unschätzbarem Wert. Sie dienen als Spiegel, der uns zeigt, wo wir uns selbst in Illusionen und Komfortzonen verstecken, wo wir uns in Lügen und Konstrukten verfangen haben. Sie erinnern uns daran, dass die Suche nach Sicherheit und Schutz im Äußeren letztlich eine Täuschung ist und dass wir diese Werte, Gefühle und Wahrnehmungen in uns selbst finden müssen.

Wenn wir uns zu sehr im Außen verlieren, verlieren wir uns selbst und sinken in Langeweile, Trostlosigkeit und Freudlosigkeit. Die Pferde zeigen uns auf unverblümte Weise, dass wir uns in der Hektik des Lebens verloren haben, den Kontakt zu uns selbst verloren haben und von Ängsten und Zweifeln beherrscht werden.

Doch wenn wir uns erlauben, den Pferden zuzuhören, würden wir verstehen, dass sie uns zeigen, dass wir keine Angst vor Verlust, Tod oder Einsamkeit haben müssen. Vielmehr fürchten wir uns davor, unsere wahre Identität anzunehmen, uns selbst zu erkennen und in eine tiefe Verbindung mit uns selbst zu treten. Die Angst, eines Tages aufzuwachen und zu erkennen, dass wir nicht unser authentisches Selbst gelebt haben, treibt uns um.

Deshalb fühlen wir uns magisch von Pferden angezogen. Sie verkörpern das, was sie sind, mit voller Authentizität und Präsenz. In ihrem Sein finden wir Inspiration, Mut und die Erinnerung daran, dass es darum geht, sein wahres Selbst zu leben und den Sinn unseres Daseins zu verwirklichen. Das ist es, was die Pferde uns zeigen wollen.

Anastazya, meine damalige Stute, hat bis heute einen unschätzbaren Wert für mich. Sie sah mich mit allem, was ich bin. Sie zeigte mir, was es heißt, bedingungslos zu lieben. Ich erlaubte ihr, mich auf einer tiefen Ebene zu berühren. Mich spüren zu lassen, wie sich bedingungslose Liebe anfühlt, ist mit keinem Wort zu beschreiben.

Im Laufe unseres Lebens neigen wir dazu, die Liebe an Bedingungen zu knüpfen und versuchen, sie zu kontrollieren. Schon als Kind habe ich gespürt, dass die Liebe, die tief in mir verankert war – dieses Gefühl von Annahme und tiefer Verbundenheit – für mich nicht greifbar war. Die Erfahrungen, die ich machte, waren zu schmerzhaft, zu überwältigend.

Die Enttäuschung darüber, in einer Welt gelandet zu sein, die sich mir oft brutal und unehrlich zeigte, war groß. Es fühlte sich an, als ob die Liebe, die ich in mir trug, keinen Raum finden konnte, um sich frei zu entfalten.

Ich ließ die Liebe nur zu, wenn ich sie kontrollierte, und stellte sie dann in Frage: „Du kannst mich gar nicht lieben, so wie ich bin.", „Ich bin für deine Liebe doch gar nicht gut genug.", „Das war sicher ein Irrtum.", „Es will mach ja eh keiner." Es war eine tägliche Qual aufzustehen und wieder der gleichen Abwärtsspirale ausgeliefert zu sein. Es herrschte ein mieses Klima in meinem Umfeld und man bekam sehr oft zu spüren, dass man es nicht wert ist, geliebt zu werden. Mobbing, Missgunst und körperliche Auseinandersetzungen spürte ich sehr oft, und immer mehr zweifelte ich daran, dass mein Leben einen Sinn hatte. Durch die Pferde war es mir möglich, meine Bedingungen in Frage zu stellen und mich manchmal fallen zu lassen. Ich öffnete mich für Spiritualität, Energetik und Persönlichkeitsentwicklung. Tag für Tag öffnete ich mich mehr den Pferden ihre Liebe und erlaubte mir selbst, sie zu spüren.

Dieses Gefühl, das ich erlebte, wenn die Pferde mich ansahen – diese unendliche Liebe – war etwas Vertrautes. Es war ein Gefühl, das tief in mir lag, und das wir eigentlich alle kennen, auch wenn wir es uns oft nicht erlauben, es wirklich zu spüren.

Denn wir haben so viel Angst davor, dass dieser Funke der Liebe, der in uns noch leuchtet, von anderen verletzt oder gar ausgelöscht werden könnte. Doch genau dieser Funke ist es, der uns mit unserer wahren Essenz verbindet – mit dem, was wir wirklich sind.

Dass wir unser Handeln hinterfragen müssen und uns gegebenenfalls verändern. Dass uns plötzlich bewusst wird, dass wir uns von uns selbst abgewendet haben und unseren innerlichen Drang, auf Abenteuerreise zu gehen, sich selbst zu erleben, im Keim erstickt haben. Dass wir aus der Komfortzone aussteigen und eventuell Wege gehen, die vor uns noch keiner gegangen ist. Daher verschließen wir diesen Keim in uns, um ihn zu schützen, und doch ist die Sehnsucht nach diesem Gefühl so groß, dass wir es mit materiellen Dingen, Gedanken, Situationen reproduzieren wollen. Wir sehen und selbst als Opfer des Lebens.

Durch Anastazya wurde mir klar, dass ich selbst dafür verantwortlich bin, wie sich die Welt mir zeigt. Ich bin selbst dafür verantwortlich, meine Prägungen, Glaubenssätze und Muster zu hinterfragen und Schicht für Schicht die Vergangenheit loszulassen, denn wo sollten die neuen Erfahrungen abgespeichert werden, wenn die „Festplatte" voll ist.

Es gibt die bedingungslose Liebe. Sie lebt in jedem von uns, doch nur wenige von uns sind bereit, sich verwundbar und voller Liebe zu zeigen. Es ist hier auf dieser Erde die Aufgabe von jedem Einzelnen von uns, diesen Ort in uns zu finden und uns selbst zu erlauben, diesen Ort der bedingunslosen Liebe zu leben.

- Verbundenheit
- Liebe
- Geborgenheit
- Mitgefühl
- Freude
- Demut
- Vertrauen

All dies ist an diesem Ort und wartet darauf, dass du ihn entdeckst, lebst und verkörperst.

- Was muss noch passieren, dass du diesen innerlichen Kampf aufgibst?
- An welchen Dogmen und Strukturen hältst du fest, um das Leben zu kontrollieren?
- Was bedeutet Sicherheit für dich?
- Erlaubst du dir, das Leben zu spüren? Die Liebe zu spüren, mit allem, was du bist?
- Welche Fähigkeiten, Potentiale und Gaben möchte von mir jetzt noch mehr gelebt und verkörpert werden als jemals zu vor?
- Habe ich Aspekte von mir aus meinem Herzen und aus meiner Selbstliebe entfernt, weil sie anderen nicht gepasst haben?
- Auf welchen Ebenen deines Lebens kann und will ich mehr für Nähe, Liebe und Mitgefühl öffnen?
- Kann ich wirklich Lieben? Was ist erforderlich dem Fluss des Lebens sich hinzugeben?

Die Angst in unserem Leben

Ängste beherrschen unser Leben, die nicht nur uns selbst, sondern auch unser Umfeld beeinflussen. Wir lassen uns von unserer Angst kontrollieren. Pferde fungieren dabei als unser Spiegel und enthüllen, dass wir den Respekt vor unserem eigenen Leben verloren haben. Durch die direkte Konfrontation mit den Pferden erkennen wir, dass es in Ordnung ist, das Risiko einzugehen, wir selbst zu sein.

Pferde ermutigen uns dazu, unser authentisches Selbst zu leben und eine Verbindung zu uns selbst herzustellen. Sie erinnern uns daran, dass wir in uns selbst Ruhe und Erfüllung finden können, sodass die ständige Suche im Außen endlich ein Ende haben kann.

Eine wahre Verbindung entsteht.

Unsere Gedanken und unsere Gefühle haben eine Energie-
schwingung, und genau diese Schwingung kann man spüren.
Du bist sicher schon einmal einem Ort, einem Menschen oder
einem Tier begegnet und wusstest intuitiv – ohne zu sprechen –,
dass du ihn/es nicht magst. Du hast mit dem Energiefeld deines Gegenübers Kontakt aufgenommen, und dadurch seid ihr
in den Austausch gegangen. Werte, Glaubenssätze, Emotionen
und vieles mehr wurden dadurch schon ausgetauscht und ihr
wusstet, wie der andere ist.

Alles Lebendige wird von einem elektromagnetischen Ener-
gie- oder Schwingungsfeld umgeben, ohne das es nicht existieren könnte. Dieses Feld nennt man Aura oder auch ätherische
Strahlung oder Ausstrahlung. Jede Pflanze, jedes Tier, jeder
Mensch – sogar die Erde – hat dieses elektromagnetische Feld
um sich herum. Die Aura umhüllt und schützt uns. Gleichzeitig
werden durch die Aura permanent Informationen und Energien
aufgenommen und abgegeben.

Paracelsus umschrieb die Aura in den Jahren zwischen 1493
und 1541 wie folgt:

> *„Die Lebenskraft ist nicht im Menschen eingeschlossen, sondern
> strahlt um ihn herum wie eine leuchtende Kugel und verfügt
> womöglich über eine Fernwirkung. In diesen halbnatürlichen
> Strahlen kann die Vorstellungskraft des Menschen gesunde
> oder krankmachende Wirkungen hervorrufen. Sie kann die
> Lebensessenz vergiften und Krankheiten auslösen, oder sie
> kann sie reinigen, wenn sie unrein wurde, und die Gesund-
> heit wiederherstellen."*

Die Aura besteht aus mehreren Schichten und verschiedenen
Farben. Die Grundfarben der Auraschichten des Menschen bzw.
des Pferdes sind meistens Rot, Orange, Gelb, Grün, Blau, Violett
und Weiß, wobei sich die Farben – je nach momentaner seelischer oder energetischer Verfassung des Tieres – auch vermi-

schen können. Jede Farbkomposition aber erstrahlt sehr kräftig. Man kann die Farben fühlen oder sehen und dadurch erkennen, welche Emotionen das Gegenüber gerade erlebt, welche Werte es hat und was es bewegt. Diese Zustände können sich jedoch innerhalb weniger Sekunden ändern. Ärger, Zorn, Freude oder Trauer können sich schnell wandeln, und diese Veränderungen spiegeln sich auch in der Aura wider.

Die Aura steht mit den Chakren in Verbindung, insbesondere mit dem ersten, dritten und fünften Chakra, durch deren Drehung wir die emotionalen Energien, die auf uns einwirken, am intensivsten wahrnehmen. Chakren sind Energiezentren, die unseren Körper unterstützen, schützen und das Wohlbefinden steigern oder mindern können. Sie beeinflussen unter anderem Zellen, Organe und das Hormonsystem. Durch die Chakren kommunizieren Pferde mit der Umwelt, sie sind das energetische Verbindungsglied und dadurch kann Energie aufgenommen werden.

Das erste Chakra wird dem physischen Körper zugeordnet, das dritte Chakra dem mentalen Körper und das fünfte Chakra dem Ätherkörper. Jedes Chakra verfügt über ein eigenes elektromagnetisches Feld, was Auswirkungen auf die Aura hat und einem Heiler ein klares Bild von Energieblockaden, Gesundheits- und Seelenzuständen vermitteln kann.

Pferde – der Spiegel unserer Seele

Pferde sind erstaunlich feinfühlige Wesen. Sie erreichen uns auf einer Ebene, die wir selten jemandem zugänglich machen, und doch berühren sie uns in nur wenigen Augenblicken. Sie wecken in uns tiefe Sehnsucht, Liebe, Faszination und Geborgenheit. Ihre Anziehungskraft ist enorm, und wir erkennen uns in ihrer

Seele wieder, denn sie vermitteln uns das Gefühl von Freiheit und purer Hoffnung.

Sie geben uns das Gefühl, dass gerade in diesem einzigen Moment alles gut ist, dass wir gut genug sind und wir uns in dem, was wir sind, fallen lassen dürfen. Der Mensch selbst raubt sich genau dieser Magie. Durch unsere Gedanken, Urteile und Verurteilen lenken wir uns genau von diesem einem Moment ab. Wir lassen uns den ganzen Tag von unseren destruktiven Gedanken beschallen und vergessen dabei, wer wir sind. Die Pferde hingegen möchten uns zeigen, wer wir wahrhaftig sind und vor allem, zu was wir fähig sind.

Wenn es uns schlecht geht oder wir bemerken, dass einiges in unserem Leben schiefläuft, neigen wir dazu, uns selbst oder unser Umfeld zu verurteilen. Wir suchen oft einen Schuldigen, sei es ein Ereignis oder eine Person, die für unsere gegenwärtige Situation verantwortlich ist. Wir sind dann hart zu uns selbst und wiederholen negative Gedanken wie „Ich bin nicht gut genug", „Ich kann das nicht" oder „Ich bin nicht liebenswert genug". In solchen Momenten geben wir unseren Kollegen, der Vergangenheit oder jemand anderem die Schuld für unsere negativen Gefühle. Doch das ist nicht die Wahrheit. Es gibt zwar Situationen, die schrecklich und grausam sind, aber du hast immer die Wahl, wie du heute damit umgehen willst und wie du dich selbst siehst. Jeden Tag kannst du entscheiden, mit welchen Augen du dich und dein Leben betrachtest. Jeder Gedanke, den wir für wahr halten, erzeugt in uns eine Emotion – eine angenehme oder unangenehme. Leider hat uns niemand beigebracht, auf unsere Gedanken zu achten. Wir denken meist unbewusst und erkennen nicht, welchen Einfluss dies auf unser Leben hat. Wir wissen oft nicht, welches Leid wir uns selbst zufügen. Alles, was du über dich, deine Eigenschaften und deine Werte denkst, beeinflusst, wie du dich in deiner Haut fühlst.

Die Pferde sind hier, um uns dabei zu unterstützen, unsere wahre Essenz wahrzunehmen, unsere wahre Seele zu sehen.

Das Pferd – still, voller Hingabe, Liebe, Kraft und Anmut – zeigt uns unsere verborgenen Fähigkeiten und unterdrückten Gefühle. Pferde haben keine Angst vor unserem verletzten Ich. Sie sind brutal ehrlich und zeigen uns, wo wir noch verletzte Anteile in uns haben, die wir heilen dürfen. Sie zeigen uns klar und deutlich, ob wir es gerade ehrlich meinen oder nicht. Ob wir authentisch sind oder nicht. Wir können uns bei Pferden nicht hinter Masken verstecken, denn genau das löst in ihnen Unbehagen aus.

Pferde beharren darauf, dass wir klar und deutlich in unserer Sprache und Körpersprache sind und zeigen uns deutlich, wenn wir uns zu stark verkopfen. Haben wir Angst oder zweifeln wir an dem, was wir tun, werden sie uns zeigen, dass sie uns nicht folgen können, dass wir kein „Herdenführer" sind und uns erst mit unseren unterdrückten Ängsten, die in jedem von uns schlummern, beschäftigen sollten.

Pferde lesen unsere Energie; sie spüren sehr genau, was in uns vorgeht. Auch das, was wir vor uns selbst und anderen verbergen. Vertrauen können sie nur Personen, die sie jederzeit einschätzen können, die echt und wahrhaftig ist. Sie zeigen uns ganz genau, wo wir lernen dürfen, Grenzen zu setzen, wo wir eventuell liebevoller sein dürfen und wo wir weniger tun dürfen.

Wenn ein Pferd sich unartig oder störrisch verhält, liegt das oft nicht am Pferd selbst, sondern am Menschen. Das Pferd spiegelt auf verschiedene Weisen wider, wie es uns innerlich geht. Ich möchte dir hier von einem Beispiel für eine solche „Unart" erzählen. Ich durfte ein fünfjähriges Warmblut behandeln, ein wunderschöner Wallach, doch wurde er schon in jungen Jahren intensiv geritten und ging auf Turniere. Als ich ihm begegnete, konnte ich ihm förmlich ansehen, dass es ihm nicht gut ging und dass er um Hilfe bat. Sein endokrines System war auf Hochspannung, und jedes kleinste Geräusch war für ihn der Horror, er spannte sich sofort an. Er war vollkommen überfordert und innerlich zerbrochen. Sein gesamter Muskeltonus war angespannt, und es dauerte einige Zeit, bis er sich fallen lassen konnte. Sein Brustkorbbereich war starr; er konnte nur oberflächlich atmen. Die Verbindung zwischen Vorder- und Hinterhand war stark beeinträchtigt. Das spürte man auch schon beim Berühren. Kopf, Hals und Schulterbereich waren heiß, ab Mitte des Brustwirbelbereichs wurde er kalt. Seine Augen sprachen Bände. Angst und Panik sah man in seinen Augen, jede Berührung war für ihn anstrengend. Stell dir vor, du spannst eine Frischhaltefolie straff, und jeder noch so kleine Druck bringt sie fast zum Reißen.

Ich fragte das Pferd, was passiert war, und ich nahm Bilder wahr, dass er starke Schmerzen im Rückenbereich hatte und er während dem Reiten plötzlich völlig unberechenbar wurde. Er buckelte, stieg in die Luft und trat nach der Reitlehrerin aus – alles innerhalb weniger Sekunden. Er konnte einfach nicht mehr, weil niemand ihm zugehört hatte. Er war am Ende seiner Kräfte – das ständige Training und das zusätzliche Wachstum waren zu viel für ihn. Ich spürte Angst, Trauer, Enttäuschung, Panik; es war schrecklich für mich, dies zu spüren.

Plötzlich änderte sich etwas in meiner Wahrnehmung: Ich sah jemand anderen auf dem Pferd reiten, der sehr grob und brutal mit ihm umging. Er hat gekämpft, sich gewehrt, bis er nicht mehr konnte. Er ließ den Menschen gewähren, er war gebrochen. Das Pferd wehrte sich noch mehr und buckelte eineinhalb Stunden lang, bis es vor Erschöpfung aufgab.

Ich schilderte der Besitzerin das, was ich wahrnahm. Die Besitzerin war fassungslos, denn sie bestätigte mir alles. Ich spürte ihre Verzweiflung, und sie erzählte mir die Situation aus ihrer Sicht.

Die Besitzerin selbst war an ihre Grenzen gekommen und wollte eigentlich gar keine Reitstunde haben. Ihr schlechtes Gewissen und der Drill der Lehrerin überredeten sie. Sie wusste vor Beginn der Stunde, dass die Reitstunde nicht gut war und war selbst völlig ausgelaugt. Dies zeigte ihr Pferd, indem es buckelte und austrat. Das ständige Tun und der Zwang, perfekt zu sein, war für ihn zu viel an diesem Tag. Das Pferd zeigte, dass es selbst nicht mehr konnte und dass es ihm zu viel wurde.

Mit dieser Geschichte möchte ich auf niemanden mit dem Finger zeigen. Wir alle sind Menschen, die hier sind, um Erfahrungen zu sammeln und aus diesen zu lernen. Ich möchte hier lediglich zeigen, dass sogenannte „Unarten" oft mit uns selbst zu tun haben und unser Pferd sie uns widerspiegelt.

Pferde nehmen unsere Gefühle, Gedanken und Absichten sehr feinfühlig wahr. Sie sind sehr sensibel und sehen auf der energetischen Ebene, wie unsere Gefühle und Gedanken aussehen. Sie sind von Natur aus noch intensiv mit der Natur verbunden, außer sie sind selbst emotional oder körperlich gestresst.

Für mich gibt es kein vergleichbares anderes Wesen hier auf dieser Erde, das so kooperativ ist wie das Pferd. Jeden Tag aufs Neue geben Pferde uns die Chance, die Verbindung zu ihnen zu stärken. Obwohl viele von ihnen missbraucht, misshandelt, gedemütigt oder ausgenutzt wurden und ihr Inneres weder gesehen noch gehört wurde, sind sie dennoch voller Hingabe uns gegenüber. Sie nehmen alles, was sie durch uns Menschen erfahren, als vollkommen selbstverständlich an. Seite an Seite als unsere treuen Begleiter ziehen sie mit uns durch Kriege, Turniere, Ausbildungsprogramme, ob als Sklave, Sport- oder Arbeitsgerät – sie sind für uns da. Sie tragen uns und ertragen uns wie kein anderes Wesen, voller Geduld, liebevoll und kein bisschen nachtragend.

- Sehen wir Menschen überhaupt, welch magische Wesen sie sind?
- Was bedeuten sie für uns Menschen?
- Was bedeutet der Mensch für sie?

- Erlauben wir uns das Geschenk, was Pferde für uns sind, wahrzunehmen?
- Nehmen wir unsere Pferde in ihrem wahren Sein wahr? Oder sehen wir sie nur durch den Filter unserer Projektionen?
- Können wir unsere Pferde bedingungslos annehmen?

Durch die Pferde können wir uns selbst als Mensch erfahren. Kommen wir unserem Pferd näher, kommen wir auch uns selbst näher. Die Tiere nehmen uns bedingungslos an, egal, woher wir kommen oder wohin wir gehen. Sie sind unser Partner, Weggefährte, Lehrer, Coach, Heiler und Therapeut. Sie geben uns das zurück, wovor wir seit Jahrzehnten davonlaufen – unsere wahre Essenz. Sie geben uns einen Ort bedingungsloser Liebe. All das, was wir Menschen schon seit vielen Jahren versuchen zu leben, geben und schenken sie uns mit nur einem einzigen Moment – Präsenz, Liebe, Freiheit, Verbindung, Anmut, Hingabe, Dankbarkeit, Demut, Vertrauen. Es ist der Ort, wo wir heilen dürfen, wo wir heil sind. Ein Ausdruck allumfassender Liebe. Wir dürfen noch einiges von ihnen lernen, vor allem aber dürfen wir lernen, ihnen unser Herz und unsere Liebe zu schenken, einfach nur zu sein.

- Welche Eigenschaften oder Verhaltensweisen an mir selbst lehne ich ab oder finde ich schwierig zu akzeptieren?
- Gibt es etwas, das ich an anderen Menschen kritisiere oder verurteile? Könnte dies ein Spiegel meiner eigenen Schatten sein?
- Welche Themen oder Situationen lösen in mir besonders starke Emotionen wie Wut, Scham oder Angst aus?
- Gibt es Erlebnisse in meiner Vergangenheit, die ich lieber vergessen oder verdrängen möchte? Was macht sie so schwer zu akzeptieren?
- Wann habe ich mich das letzte Mal klein, unwichtig oder nicht genug gefühlt? Woher kommt dieses Gefühl?
- Gibt es eine Emotion, die ich besonders vermeide (z. B. Traurigkeit, Wut)? Was hindert mich daran, sie zuzulassen?

- Welche Bedürfnisse habe ich früher nicht ausdrücken dürfen? Spüre ich sie heute noch?
- Gibt es Situationen, in denen ich mich selbst sabotiere? Was steckt möglicherweise dahinter?
- Welche Ängste halten mich davon ab, mein wahres Selbst zu zeigen?

„Unsere Gedanken sind frei und egal, was gerade los ist, können wir immer entscheiden, was wir denken und wie wir in gewissen Situationen entscheiden. Natürlich haben wir immer eine erste Reaktion, aber wenn uns diese nicht gefällt, können wir ja anders denken. Das Wichtigste ist es, positiv zu bleiben und nie zu vergessen, dass es viel Positives auf der Welt gibt, vor allem in einer Zeit wie dieser. Die heile Welt fällt auch nicht vom Himmel runter und ist dann da. Wir gestalten sie mit, indem wir uns Zeit nehmen, etwas Gutes ins Feld zu setzen. Denn nur was feinstofflich vorhanden ist, kann sich auch im Physischen manifestieren." – Christine von Dreien

Gedanken

Unsere Gedanken und unser Körper sind eng miteinander verbunden. Es mag überraschend klingen, aber die Art und Weise, wie wir denken, kann tatsächlich unseren physischen Zustand beeinflussen.

Ein grundlegendes Konzept in Bezug auf die Verbindung zwischen Gedanken und Körper ist der Einfluss unserer Gedanken auf unser Stresslevel. Wenn wir negative Gedanken haben oder uns ständig Sorgen machen, kann dies zu erhöhtem Stress führen. Dieser Stress wiederum kann verschiedene körperliche Reaktionen auslösen, wie zum Beispiel erhöhten Blutdruck,

Muskelverspannungen oder Verdauungsprobleme. Positive Gedanken und eine optimistische Einstellung können hingegen dazu beitragen, das Stresslevel zu senken und das allgemeine Wohlbefinden zu verbessern.

Unsere Gedanken können unsere Motivation, unser Selbstvertrauen und unsere Fähigkeit zur Selbstregulation beeinflussen. Wenn wir beispielsweise fest an unsere Fähigkeiten glauben und positive Gedanken haben, sind wir eher bereit, Herausforderungen anzunehmen und unsere Ziele zu verfolgen. Negative Gedanken und Selbstzweifel können hingegen dazu führen, dass wir uns zurückziehen und uns passiv verhalten.

Wir haben nicht nur einen grobstofflichen Körper, sondern auch einen feinstofflichen Körper. Unser Körper tut alles für uns, um für uns da zu sein. Unsere Organe funktionieren und müssen nicht jede Sekunde daran erinnert werden, dass zum Beispiel die Lunge atmet. Dennoch ist er vollkommen abhängig von unseren Gedanken und Gefühlen. Und das kennst du bestimmt, wenn du dich ängstlich fühlst, spannt sich dein gesamter Körper an. Durch Traurigkeit oder Sorgen fühlst du dich müde, erschöpft und hast keinen Hunger. Wir sind denkende Wesen, wir denken sehr viel und das auch noch die meiste Zeit unbewusst. 50.000 bis 80.000 Gedanken am Tag – und davon sind nur 5 bis 10 % bewusst. Unsere Gedanken sind feinstofflicher Natur und gehen raus in die Welt. Gedanken und Emotionen sind Schwingungsenergien und daher spürbar. Sie haben einen Einfluss auf mich selbst und auf mein Umfeld. Der Körper besteht aus Billionen von Zellen. Jede einzelne Zelle hat ein Zellgedächtnis, das bedeutet, dass auch unsere Zellen sich an bestimmte Ereignisse, Momente oder Bewegungen erinnern.

Übung

Schließe deine Augen, setze oder stelle dich aufrecht hin. Richte deine Aufmerksamkeit, dein Bewusstsein auf deinen Körper. Fühle ihn von innen.

- Wie fühlt sich dein Körper an?
- Fühlt sich dein Körper lebendig an?
- Ist Leben in deinen Händen, Beinen, Füßen?
- Ist Leben in deinem Brustkasten, Bauch, in deinem Kopf?
- Kannst du das feine Energiefeld spüren?

Das feine Energiefeld, das deinen gesamten Körper umhüllt. Dieses Energiefeld füllt deinen Körper, deine Organe und jede einzelne Zelle mit einem pulsierenden Licht. Es erfüllt dich mit Leben. Fühle, was sich in deinem Körper bewegt. Fühle es – und lass deine Gedanken ziehen. Schenke diesem Gefühl deine Aufmerksamkeit.

Du spürst, dass jede Zelle lebendiger wird. Stelle dir deinen Körper vor. Was siehst du? Siehst du, wie hell dein Körper leuchtet? Oder sind manche Stellen deines Körpers dunkel? Fühle, was deinen Körper bewegt. Bedenke: Ein Bild ist eine Form der Bewertung und kann dich und deinen Körper eingrenzen. Mir geht es vielmehr darum, zu fühlen. Wie fühlt sich dein Körper an?

Das Fühlen deines inneren Körpers ist grenzenlos und unergründlich. Es geht nicht darum, wie viel du fühlst, sondern achte vielmehr darauf, was du fühlen kannst. Je öfter du dies übst, umso tiefer gelangst du in dein Körperbewusstsein. Wenn es am Anfang nur ein Kribbeln in den Fingern ist, eine Schwere in deinen Beinen, ist das vollkommen okay. Dein Körper beginnt, lebendig zu werden.

Du bist die Essenz. Die Essenz der Liebe, die du in dir spürst.

„Liebe ist die Essenz.
Liebe ist das Sein ohne Ablehnung.
Liebe ist die Erkenntnis des Einsseins,
des Wiedererkennens deines Ursprungs.
Liebe ist das Wunder, das uns erschaffen hat
und nach unserem Erkennen ruft.
Liebe ist die Harmonie der Seelen. Liebe ist das Erkenne,
das Trennung nur im Intellekt entsteht.
Liebe ist das Auflösen dieser Trennung.
Liebe ist Weite in deinem Herzen.
Liebe ist das Verschmelzen von oben und unten." – von
Irina Rauthmann

Verbindung zu deinem Pferd

Diese Übung möchte ich dir zeigen, denn sie ist mein täglicher Begleiter, wenn ich zu meinem Pferd gehe. Viel zu sehr sind wir mit unserem „Alltagsmüll" beschäftigt und können durch unsere destruktiven Energien weder klar denken noch den Moment genießen. Bevor wir überhaupt loslegen, sind wir schon wieder mit den Gedanken bei unserer täglichen To-do-Liste. Dadurch erlauben wir uns nicht, die Verbindung zu unseren Pferden auf einer tiefen Ebene zu empfangen.

Ich durfte lernen, die Zeit mit den Pferden wertzuschätzen und mich dem, was ist, voll und ganz hinzugeben. Das zeigte mir meine verstorbene Stute Anastazya. Sie war kein „0-8-15"-Pferd. Sie war ein besonderes Pferd, das viel zu oft missverstanden und übersehen wurde. Durch sie fand ich zu mir selbst zurück. Ich erkannte, dass ich mich viel zu häufig der Gesellschaft angepasst und meine innere Wahrheit verleugnet hatte, nur um gemocht und akzeptiert zu werden. Ich musste mich und sie auf eine neue, ungewöhnliche Weise entdecken – einen Weg, den nur wenige vor mir gegangen sind. Ich begann, neue Dinge auszuprobieren, meinen Horizont zu erweitern und mein Herz ihr gegenüber zu öffnen. Vertrauen war das zentrale Thema. Wir konnten uns selbst nicht einmal vertrauen, denn ich hatte vergessen, wer ich wirklich bin. Durch sie wurde mir dies bewusst. Als ich das erkannte, erlaubte ich mir, andere Wege mit ihr zu gehen, neue Methoden und Anwendungen zu lernen, sie zu spüren und mich für das, was ich bin, zu öffnen. Sie war ein stark traumatisiertes Pferd, geprägt von Erfahrungen vor meiner Zeit. Doch auch ich war traumatisiert. Gemeinsam gaben wir uns den Raum, herauszufinden, wo unser Platz auf dieser Erde ist.

Und dennoch erlaubte ich mir nicht, mich ganz im Moment fallen zu lassen. Die Angst war zu groß, dass ich erneut von der Gesellschaft oder meinem Umfeld ausgeschlossen wurde. Sie zeigte mir immer wieder, dass ich nicht in Angst leben musste, doch ich konnte es nicht erkennen.

Wie sehr habe ich uns beiden den heiligen Moment geraubt. Durch meine festgehaltenen Gedanken und Emotionen bewegten wir uns im Kreis, ohne vorwärtszukommen. Anastazya zeigte mir, dass ich mein Herz für den Moment öffnen und mir selbst erlauben darf, wahrhaftig zu sein und mich so zu zeigen, wie ich wirklich bin.

Diese Übung ist wie ein Reset, wenn du zu deinem Pferd gehst. Du lässt den Alltagsstress und deine Gedanken hinter dir und schätzt die wertvollen Momente mit deinem Pferd. Denn jeder Moment hier auf dieser Erde ist endlich.

Stell dich bewusst auf deine zwei Beine, verwurzle dich mit der Mutter Erde (Gaia). Stell dir einen Mammutbaum vor deinem inneren Auge vor. Lass alles über die Wurzeln aus deinem Körper fließen, was du nicht mehr benötigst. Lass dein Gedanken, Urteile, Bewertungen und Verurteile los. Genieße die Verbindung zu Mutter Erde. Gleichzeitig fließt ein goldenes Licht über die Wurzeln in deinen Körper und gleichen die Energien in deinem System aus. Atme tief ein und aus. Nun verbindest du dich mit dem Himmel/Universum. Auch hier lässt du die Verbindung mit jedem Atemzug stärker werden, auch wenn du nicht weißt, wie. Fühle, wie du mit jedem Atemzug immer schwereloser wirst. Senke deine Barrieren und schwebe im Universum, gleichzeitig bist du tief verwurzelt. Atme tief ein und aus – und öffne wieder deine Augen. Spüre, wie sich nun dein Herz geöffnet hat.

Nun gehe zu deinem Pferd und blicke ihm tief in die Augen. Erlaube dir, die Liebe von deinem wundervollen Pferd zu spüren. Atme. Spüre, wie sich die Energie der Liebe und Stille in deinem Körper noch mehr ausbreitet. Stell dir vor deinem inneren Auge vor, wie du dich mit deinem Pferd über dein Herzzentrum und der Stirn (drittes Auge) verbindest. Falls negative Energien/Gedanken hochkommen, lass sie einfach weiterziehen.

Spüre in deinen Körper, und atme tief ein und aus. Erlaube dir zu spüren. Atme und lächle. Verbleibe in dieser Stille, und fokussiere dich auf diesen heiligen Moment. Du agierst nun aus deinem Herzen heraus. Durch deine bewusste Entscheidung, dich mit deinem Herzen mit deinem Pferd zu verbinden, erlaubst du dir selbst, im Hier und Jetzt zu sein. Dein Pferd mit sanftem Blick anzusehen und die Liebe in dir zu spüren.

Durch diese Übung wirst du sehen, dass dein Pferd komplett anders auf dich reagiert. Du wählst deine Worte, deine Sprache aus einem komplett anderen Bereich. Du wirst klarer und freier in deiner Kommunikation sein. Authentisch. Pur. Deine konzentrierte Aufmerksamkeit ist bei deinem Pferd, und dein Pferd wird dir seine vollkommene Aufmerksamkeit schenken.

Versuche einfach, in einem Moment, wenn dein Pferd sich vielleicht fürchtet oder nervös ist, ruhig stehen zu bleiben. Konzentriere dich auf deinen Atem und werde still. Denke an nichts, als würdest du kurz davor sein, einzuschlafen. Entspanne dich auf allen Ebenen – und sei einfach du selbst. Dein Pferd wird deine Energie spüren und sich innerhalb weniger Sekunden entspannen. Es wird dir entsprechen. Deine Ruhe und Energie übertragen sich auf dein Pferd.

Diese Übung kannst du immer wieder anwenden, auch beim Training.

Du longierst dein Pferd und möchtest, dass dein Pferd antrabt oder angaloppiert? Du bist mit deiner ganzen Aufmerksamkeit im Hier und Jetzt bei deinem Pferd. Du strahlst Ruhe und innere Stille aus. Alles andere ist unbedeutend, uninteressant. Atme tief ein und aus, und bereite auch deinen Körper vor, auf die Sequenz des Trabes oder Galopps.

Fokussiere dich auf die Hinterhand deines Pferdes, bündel die ganze Energie zur Hinterhand. Gleichzeitig bist du voller innerer Ruhe, gib bei der Longe nach, gib deinem Pferd den Raum, den es benötigt, um sich frei in der Bewegung zu machen. Stell dir vor deinem inneren Auge vor, wie es schwungvoll trabt oder galoppiert. Stell dir detailliert den Übergang in die andere Gangart vor. Bleib dabei und wenn nötig, schnalze mit der Zunge und erhebe die Hand, die auf der Höhe der Hinterhand ist, und du wirst sehen, es wird klappen, und es wird entspannt in die andere Grundgangart wechseln.

Spiele damit, werde feiner in deiner Kommunikation. Du wirst sehen, dein Pferd wird mit der Zeit auf den allerkleinsten Gedanken von dir reagieren, wenn du klar in deiner Kommunikation bist.

Mensch vs. Pferd

Ich werde oft gefragt, ob es einen Unterschied in der Behandlung von Pferd und Mensch gibt. Ja, es gibt einen ganz klaren Unterschied: Pferde wissen genau, was sie wollen. Sie geben sich innerhalb weniger Sekunden der Energie/Behandlung hin. Teilweise lassen sie sich komplett fallen und sind wie in Trance während einer Behandlung. Dies sieht man dann sehr gut am Kopf. Die Augen zwinkern immer langsamer, bis sie zufallen, und der Körper entspannt auf einer tiefen Ebene. Pferde sind für mich sehr rein. Damit meine ich nicht den Körper und seine Umgebung, sondern ihre Seele. Anmutig und klar erforschen sie unsere Bewegungen und wissen genau, was wir vorhaben. Es ist deutlich einfacher, mit Pferden in Verbindung zu treten, auch wenn sie schon manches Trauma erlebt haben. Sie sind offen für Heilbehandlungen und Berührungen. Nicht so wie wir Menschen, wir sind von Grund auf skeptisch und distanziert. Die emotionalen Blockaden sind bei Pferden viel leichter zu lösen als bei uns Menschen. Wir halten gern an festgefahrenen Strukturen fest und „möchten", dass das Leben und die Form unseres Körpers so bleiben. Der Mensch ist ein Gewohnheitstier; nicht so das Pferd. Das Pferd lebt mit seinem ganzen Sein im Hier und Jetzt. Menschen sind viel komplexer und sind eher Vernunftdenker. Wir analysieren jeden Prozess und sind skeptisch gegenüber Dingen, die wir fühlen. Denn das ist es, wie wir angelernt wurden – vertraue nicht deinem Gefühl. In unserem System lernen wir, dass das, was wir wahrnehmen, nicht richtig ist, und wir unterdrücken unsere Sinne.

Das ist beim Pferd anders. Dies möchte einfach das Gefühl haben, dass seine Energie ausgeglichen wird. Dass es eine intakte, geerdete, ausgeglichene Herde an der Seite hat und es sich in dieser Herde findet. Das Pferd fragt sich nicht, ob dies richtig oder falsch ist. Es tut es einfach, weil sein Gefühl, seine Wahrnehmung es ihm so sagt.

Für den Anwender ist es schwieriger, ein Pferd zu behandeln, da man das Pferd lesen muss. Das bedeutet, man muss genau auf seine Körpersignale achten und minimale Bewegungen beachten. Ein Mensch hingegen kann sagen, was er spürt, wie er sich fühlt und wie seine Empfindungen sind.

Ein Pferd nimmt die Heilbehandlung einfach an, und löst sich von all den destruktiven Strukturen in seinem Körper. Es lasst alles los, was nicht mehr dienlich ist für ihn, und das spürt man klar und deutlich. Selten erlauben wir uns, alles loszulassen, was uns nicht mehr dienlich ist. Wir suchen nach unseren Problemen und heben sie wieder auf, integrieren sie wieder in unserem Körper, denn wir sind diesen Schmerz gewöhnt. Den emotionalen und körperlichen Schmerz. Der Mensch hat gewisse Formen, Strukturen und Vorstellungen, wie das Leben sein sollte. Wir sind unzufrieden mit dem, was wir sind, und gleichzeitig erlauben wir uns nicht, etwas Besseres zu erschaffen, denn das könnte bedeuten, dass uns gewisse Menschen an unserer Seite nicht mehr mögen. Dadurch fühlen wir uns immer frustrierterer und sind enttäuscht, denn das Leben kann man nicht kontrollieren. Das wissen Pferde ganz genau.

Der Mensch kann weinen und lachen. Das Pferd kann das nicht, und so kann es passieren, dass der Besitzer für das Pferd die Emotion auslebt während einer Behandlung.

Eine Besitzerin bat mich, ihr Pferd zu behandeln. Sie wusste nicht mehr weiter. Sie beschrieb ihr Pferd als sehr traurig und einsam, dass es sich von der Herde zurückzog und wenig Kontakt will. Als ich das Tier sah, spürte ich eine tiefe Trauer. Eine Trauer, die sich über den ganzen Körper zeigte. Der Körper war angespannt, und ich konnte sehen, dass die Gelenke phasenweise entzündet waren. Ein Anzeichen für Arthrose. Der psychosomatische Hintergrund von Arthrose war, dass sich das Pferd verletzt fühlt und alleine mit seinem Kummer. Es hält an negativen Gedanken und Glaubensmustern fest. Es verfügt über keine Selbstwertschätzung. Das Pferd geht ständig über seine eigenen Grenzen und Bedürfnisse, um an der Verletzung festhalten zu können. Man beginnt gedanklich zu „verhärten".Eine hohe Abnutzung und Verschleiß, daher die Reibung in den Gelenken. Arthrose im Sprunggelenk/Fesselgelenk bedeutet, dass jedes Weiterkommen im Leben schmerzhaft ist, sich selbst nicht eingestehen zu wollen, dass man auf dem Boden der Tatsache angekommen ist. Ich sah Bilder von einem Schulreithof, wo er von Kindern geritten und regelrecht gedrillt wurde vom damaligen Besitzer. Er wurde weg- und eingesperrt und bekam wenig Futter. Der Umgang mit ihm war alles andere als feinfühlig. Ich beschrieb diese Bilder und man sah deutlich, wie das Pferd sich immer mehr in diese Traurigkeit fallen ließ. Die Besitzerin konnte nicht anders und weite los. Sie weinte bitterlich, und wusste gar nicht, wieso. Sie schrie weinte und brach schließlich auf dem Boden zusammen. In diesem besonderen Moment war es meine Aufgabe, sowohl für die Besitzerin als auch für ihr Pferd einen sicheren Raum zu schaffen – einen Raum voller Mitgefühl, Verständnis und Halt.

Als die Besitzerin plötzlich in Tränen ausbrach und all die unterdrückten Emotionen an die Oberfläche kamen, war es, als ob sie etwas tief in sich löste, das sie vielleicht selbst gar nicht bewusst wahrgenommen hatte.

Ich war da, um sie durch diesen Moment zu begleiten, ohne zu bewerten, und sie ermutigte, ihren Gefühlen freien Lauf zu lassen. Ihre Tränen, ihr Weinen und sogar ihr Zusammenbruch waren ein wichtiger Teil des Heilungsprozesses – eine Art, alte Schmerzen und Belastungen loszulassen, die das Pferd und auch die Besitzerin möglicherweise schon lange mit sich herumtrug.

Durch diese Erfahrung durfte ich nicht nur der Besitzerin helfen, sich von diesem inneren Schmerz zu befreien, sondern auch das Band zwischen ihr und ihrem Pferd stärken. Beide waren Teil dieses Prozesses, und es war unglaublich zu sehen, wie Heilung geschieht, wenn Mensch und Tier sich gegenseitig in ihren Schwächen und Stärken erkennen.

Ihr Pferd hat uns über die Emotionen der Besitzerin gezeigt, wie es ihm damals erging. Die Besitzerin selbst sah in diesem Moment Bilder von ihm, wie er in diesem Stall war, und wusste daher genau, dass dies seine Gefühle waren. Seit diesem Moment blüht das Pferd jeden Tag etwas mehr auf und erfreut sich an seinem Leben.

Für mich ist es unglaublich wichtig, sein Pferd oder Familienmitglieder mit Heilbehandlungen zu unterstützen, wenn sie wollen. Denn geht es dieser Person gut, profitiert das ganze Umfeld davon. Worauf viele noch nicht achten, ist, dass dadurch auch destruktive Strukturen und Formen, die wir über unser Umfeld, über unsere Familienmitglieder haben, dadurch auch gelöst werden können. Man ermöglicht sich selbst, das Leben aus einem anderen Blickwinkel zu sehen und sich für neue Möglichkeiten zu öffnen. Das zuvor Unmögliche kann dadurch möglich werden. Ich werde oft gefragt, was ich nach einer Heilbehandlung fühle, und ich muss ehrlich sagen, dass man dieses Gefühl kaum beschreiben kann. Worte können dieses Gefühl nicht beschreiben. Es ist ein Gefühl der Glückseligkeit, der bedingungslosen Liebe und Dankbarkeit, zu sehen, wie meine Klienten danach vor mir stehen und über das gesamte Gesicht strahlen, sich rundum wohlfühlen. Das ist für mich ein Segen.

Wichtig ist, nach einer Heilbehandlung einfach sein zu dürfen – egal, ob Mensch oder Tier. Ruhen dürfen, denn es ist körperlich sehr anstrengend, diese toxischen Verbindungen loszulassen. Der Stoffwechsel wird stark angeregt und destruktive Strukturen werden ausgeleitet. Das erfordert Kraft und innerliche Stärke. Mir ist es wichtig, dass man die Gelegenheit bekommt, sich auszuruhen und sich neu zu ordnen. Manche Behandlungen wirken noch Tage bis Wochen nach.

Tiere urteilen nicht über Aussehen, Status oder Ähnliches. Sie urteilen nach ihrem Gefühl und nicht nach einer Story, die auf Instagram angezeigt wird. Sie erkennen dich innerhalb weniger Sekunden und sind nicht geprägt von ihrem Ego oder strukturellem Denken. Sie stellen die Heilbehandlung nicht in Frage und geben sich voll und ganz hin. Dennoch sind sie angewiesen auf uns Menschen, dass wir sehen und erkennen, dass sie jemanden benötigen, der ihnen eine Behandlung gibt. Daher ist es für mich essenziell zu sehen, zu erkennen und zu fühlen, was mein Pferd gerade benötigt. Deine Sinne und deine Verbindung zu deiner inneren Weisheit werden immer intensiver und klarer.

Ich möchte dir mit diesem Buch zeigen, wie unglaublich wichtig es ist, dass wir selbst mit unseren Emotionen, Gedanken, Ansichten und Urteilen im Klaren sind. Die Pferde zeigen uns deutlich, wenn wir unter Ärger, Depression, Traurigkeit, Ungeduld oder Kummer leiden. *„Zeig mir dein Pferd und ich sage dir, wer du bist.“* Das ist ein altes Sprichwort, das voller Wahrheit steckt.

Zu sehr bewerten wir uns und unser Leben. Wir haben eine gewisse Vorstellung, wie das Leben zu sein hat und vor allem, wie wir die Ereignisse in unserem Leben kontrollieren können. Genau das ist es, was uns am meisten frustriert. Gleichzeitig sind wir enttäuscht, weil die Vorstellungen über das Leben abweicht von dem, was wir leben und glauben, was wir sind. Wir sind enttäuscht davon, dass wir das Leben nicht kontrollieren können. Wir erlauben uns selbst nicht, dass wir das Leben erleben. Dass wir uns vom Leben wieder überraschen lassen, erblühen und einfach genießen. Viel zu sehr hängen wir uns an Strukturen auf, viel zu sehr ist uns wichtig, was die Gesellschaft von uns denkt. Dadurch schneiden wir uns von unseren Gefühlen und unserem Körper ab und trotten vor uns hin. Unser innerliches Feuer erlischt.

Unsere Seele möchte leben und entdecken. Sie möchte sich erfahren und entfalten. Erlaube dir, das Leben zu genießen. Dich vom Leben überraschen zu lassen, fernab von den Dingen, was du tun musst oder sollst. Pferde erwecken in uns unsere feinfühlige, spirituelle und spürige Ader. Sie möchten uns zeigen, dass wir nicht nur Menschen sind, sondern spirituelle Wesen, die eine unglaubliche Gabe haben, mit ihren Gedanken Neues zu erschaffen. Denn unsere Gedanken werden schneller visualisiert, als wir glauben. Das hast du sicher auch schon erlebt: Du hast an eine Person gedacht – und im nächsten Moment ruft sie dich an oder steht sogar vor dir.

Wir hängen mit unseren Gedanken zu sehr in der Warteschleife. Wenn ich nur dieses oder jenes hätte ... Oder ach, könnte ich doch nur ... Durch die Pferde können wir uns selbst erlauben, dass du das, was du träumst und fühlst, nun in dein Leben ziehen kannst. Es werden unsere spirituellen und mystischen Aspekte in uns gefördert und wir dürfen anerkennen, dass wir schöpferische Wesen sind. Löse dich von der Vorstellung, dass du nur glücklich sein kannst, wenn deine Erwartungen erfüllt werden. Erwartungen führen dazu, dass wir das Ergebnis versuchen zu kontrollieren und letztlich das gesamte Leben in einer Wartehaltung verbringen, anstatt es einfach zu leben.

- Welche Gedanken habe ich, wenn ich mich selbst bewerte? Sind diese Gedanken liebevoll oder kritisch?
- Wie stark lasse ich mich von der Meinung anderer beeinflussen? Warum ist mir diese Meinung wichtig?
- Gibt es Situationen, in denen ich schnell andere Menschen bewerte? Was könnten diese Urteile über mich selbst aussagen?
- Was würde passieren, wenn ich aufhören würde, mich und andere ständig zu bewerten?
- Welche Erwartungen habe ich an mich selbst? Woher kommen diese Erwartungen?
- Gibt es Momente, in denen ich mich schuldig fühle, weil ich die Erwartungen anderer nicht erfülle? Warum?
- Welche Dinge tue ich nur, um von anderen anerkannt oder geliebt zu werden?
- Woran halte ich fest, weil ich glaube, dass es mich in den Augen der Gesellschaft wertvoll macht?
- Gibt es Verhaltensweisen oder Entscheidungen, die nicht aus meinem Herzen kommen, sondern aus dem Wunsch nach Zugehörigkeit?

Gehen wir Menschen noch Risiken ein?

Pferde lassen sich vom Leben berühren, egal, wie hart der vorherige Tag war, und das bewundere ich an ihnen.

Es gab Momente in meinem Leben, in denen ich weit davon entfernt war, mich vom Leben berühren zu lassen. Nichts konnte mich noch berühren. Ich war unverwundbar. Durch die Erfahrungen in meinem Leben habe ich geschlussfolgert, dass ich mich abhärten muss, um zu überleben. Ich muss mich anpassen, meine Wahrheit nicht mehr aussprechen und vor allem mich von nichts und niemanden berühren zu lassen.

Ich schwamm mit dem Strom der Oberflächlichkeit, um unerkannt zu bleiben. Ich erlaubte mir nicht mehr, mit allem, was ich bin, zu zeigen. Ich fühlte mich einsam und allein, und dieser Schmerz wurde immer größer. Der innerliche Schmerz, nicht mehr lebendig zu sein. Nur mehr zu funktionieren, und ich weiß auch du kennst diesen Schmerz.

Wie in einem Schnellzug fahren wir durch das Leben und verpassen dabei Chancen und Möglichkeiten, uns zu zeigen, uns zu äußern, uns zu uns selbst zu bekennen, aus Angst, abgelehnt und zurückgewiesen zu werden. Seien wir ehrlich zu uns selbst: Wir alle leben im Standby-Modus. Dein Herz ist auf Standby-Modus. Aus Angst, verletzt zu werden, die Kontrolle im Leben zu verlieren, gehen wir lieber auf Nummer sicher und lassen das Leben nur mehr oberflächlich, monoton und sicher sein. Die Sucht nach Sicherheit und Kontrolle lässt uns glauben, dass alles gut ist, doch wir verlieren, uns lebendig, frei und verbunden zu fühlen.

Pferde hingegen haben keine Sicherheit. Sie wissen nicht, ob sie morgen noch leben. Sie wissen nicht, ob sie genügend Futter und Wasser für die Herde haben werden. Sie denken darüber auch nicht nach. Sie haben kein Ego, das ihnen immer wieder Szenarien aufzeigt, in denen es um Leben und Tod geht.

- Wann hast du aufgehört, dich lebendig zu fühlen?
- Erlaubst du dir, dich vom Leben berühren zu lassen?
- Gehst du noch immer auf Nummer sicher?
- Wie kann ich mir selbst mehr erlauben, zu fühlen, zu träumen und authentisch zu sein?
- Gibt es etwas, das ich schon immer tun wollte, mich aber nie getraut habe?
- Was hält mich davon ab, mutiger zu sein und meinem Herzen zu folgen?
- Wann habe ich das letzte Mal etwas so tief empfunden, dass es mich zu Tränen gerührt hat?
- Was macht es mir schwer, mich vom Leben berühren zu lassen? Habe ich Angst vor Verletzlichkeit?

Unverwundbar und unnahbar zu sein, bedeutet, dass nichts – weder Kritik noch Lob – für dich spürbar ist. Dass die guten und die negativen Momente an dir vorbeirauschen und du das Gefühl hast, nur der Beifahrer in deinem Leben zu sein. Wir halten und klammern uns an Dingen und Momenten fest, um das Leben selbst auf Abstand zu halten. Unsere innere Stimme wird auf stumm geschaltet, um nicht aufzufallen. Doch genau dies lässt uns ermüden. Ein innerlicher Kampf entsteht, denn dein Herz und deine Seele möchten Verbindungen eingehen, möchten sich überraschen lassen vom Leben. Sie möchte sich erleben.

Pferde folgen immer ihrer inneren Stimme, denn sie sind jeden Moment voller Hingabe, Präsenz und Demut und zeigen uns, dass das Leben endlich ist. Es kommt der Tag, an dem wir diesen Körper und dieses Leben hier verlassen müssen. Warum sich mit Gedanken, Urteilen und Erwartungen beschäftigen, wenn dein Herz nach dir ruft.

Dein Herz schreit nach Lebendigkeit!

- Was fühlt sich in deinem Leben wie ein Kampf an?
- Wo erlaubst du dir selbst nicht, dich berühren zu lassen?
- Was hältst du auf Abstand?
- Erlaubst du dir selbst, die Kontrolle abzugeben?
- In welchen Lebensbereichen versuche ich, besonders viel Kontrolle auszuüben? Warum?
- Was befürchte ich, könnte geschehen, wenn ich die Kontrolle loslasse?
- Welche Momente in meinem Leben haben mir gezeigt, dass das Leben auch ohne Kontrolle seinen Weg findet?
- Gibt es Bereiche, in denen ich mich wie ein „Gefangener meiner eigenen Regeln" fühle?

Pferde haben keine Sicherheit. Sie wissen nicht, ob sie morgen überleben, wieder misshandelt werden, ausgenutzt oder geliebt werden, und dennoch gehen sie jeden Tag aufs Neue das Risiko ein: **Das Risiko, sie selbst zu sein.**

Das Innere Kind

In meiner Kindheit war das Gefühl zu überleben, irgendwie zurecht zu kommen, stark präsent. Ich buhlte nach Anerkennung und Liebe und verlor mich in anderen Dimensionen. Für mich war die Erde ein Ort, an dem es keine Liebe gab. Ein Ort der Erbarmungslosigkeit und Rücksichtslosigkeit, denn wir haben verlernt, dass unsere Worte und Taten auch Auswirkungen auf unser Umfeld haben. Wir können mit unseren Taten und Worten verletzen, ausgrenzen und berühren.

Ich wollte doch einfach nur geliebt werden. Doch war genau die Liebe das, was mir am meisten Angst machte. Angst davor, dass mich jemand so sieht, wie ich wirklich bin. War ich doch nicht gut genug. War ich doch ein Außenseiter, und man musste mich meiden. Ich konnte nicht glauben, dass mich irgendjemand lieben konnte.

Ich holte mir das Gefühl der Sicherheit und Geborgenheit in anderen Welten. Welten, die nur ich sah. Ich verschloss mein Herz, damit mich niemand mehr verletzen konnte, damit mich das Leben hier auf dieser Erde nicht mehr umhauen konnte.

Ich fühlte mich ausgegrenzt, belogen und hintergangen, wenn nur jemand zu mir sagte, wie wundervoll ich sei. Ich war schockiert, wenn jemand mir sagte, wie sehr er mich möge oder mich liebe. Im gleichen Moment schnellte der Gedanke hoch, wie konnte er nur? Sah er nicht, dass ich nicht gut genug bin? Nein, du kannst mich nicht lieben, denn irgendeine Bedingung hast du an mich. Ich wehrte alles ab. Meine Überzeugung, dass ich nicht liebenswert bin, war so groß, dass ich alles dafür tat, dass niemand sah, wer ich wirklich bin, und dieses Konstrukt des Selbsthasses aufrechterhalten konnte. Ich konnte keine Liebe und keine Begierde annehmen, war ich doch nicht gut genug.

Ein Mitauslöser für dies war, dass ich kein Junge bin. Du musst verstehen, mein Vater wollte unbedingt einen Jungen. Er hat es mir nie vorgeworfen, und dennoch war dieser Beigeschmack immer zu spüren. Er teilte mir mit, dass er immer hoffte, dass ich ein Junge gewesen wäre, aber leider doch ein Mädchen wurde. Das prägte mich, denn wie sollte ich diese Erwartungen nur erfüllen? Ich kleidete mich burschikos, war abgehärtet gegenüber körperlichem Schmerz. Hatte keine Angst, mich in Gefahr zu bringen, und tat alles dafür, dass ich viel mit Jungs unterwegs war. Ich schloss meine Weiblichkeit in den tiefsten Ebenen meines Seins ab, um sicherzugehen, dass niemand sah, dass ich eigentlich doch eine Frau war.

Viele Erfolge zeigten sich in meinem Leben. Ich trainierte hart, um die Aufmerksamkeit und Anerkennung meines Vaters zu bekommen. Die ein oder andere Auszeichnung im Sport bekam ich, doch die Anerkennung blieb aus. Der Schmerz wurde immer größer in mir. Ich brachte zwei gesunde Buben auf die Welt, so stark war mein innerlicher Antrieb, endlich von meinem eigenen Vater gesehen zu werden. Manche mögen nun sagen, dass dies falsch ist, dass mein Vater mein Antrieb war, auch wie ich mein Unternehmen „Körpergspiar für Mensch und Tier" gründete. Für eine gewisse Zeit war dieser Antrieb okay, denn ich lernte verschiedene Aspekte von mir kennen, die ich schon so lange unterdrückte. Mut, Veränderung, Neubeginn, Kraft, innerliche Stärke und die Weiblichkeit fand ich auf diesen Weg. Ich musste Entscheidungen treffen.

Das Spannende an uns Menschen ist, dass wir wissen, dass Veränderung natürlich ist, dennoch ist es die Veränderung, das uns am meisten Angst macht. Würde mich irgendwer noch lieben, wenn ich mich verändere? Werde ich wieder ausgegrenzt?

- Bist du veränderungsresistent?
- Erlaubst du dir, Veränderungen in deinem Leben einzugehen? Das Risiko einzugehen, andere Wege einzuschlagen?
- Was bedeutet für mich Freiheit, und wie kann ich sie in meinem Alltag erfahren?
- Sind meine Wurzeln stark genug, um einen Sturm im außen zu bestehen?
- Habe ich Vertrauen in mich und mein Potential?

Du wirst nun spüren, wie sich dein Körper zusammenzieht und du nicht damit konfrontiert werden möchtest. Das ist okay. Lass es da sein, erkenne es an und atme.

Ich traf viele Entscheidungen in meinem Leben nicht oder nur halbherzig, um sicherzugehen, keinen Fehler zu machen. Um sicherzugehen, dass mich das Leben nicht verletzt. Um sicherzugehen, unverwundbar zu sein und niemanden zu zeigen, dass ich nicht gut genug war. Im Laufe unseres Lebens halten wir uns immer vielen Türen offen, damit wir nicht scheitern können. Wir übernehmen somit keine Verantwortung für unsere Entscheidungen und gehen kein Risiko mehr ein. Das Risiko zu leben.

Als ich erkannte, dass mein Antrieb noch immer die Anerkennung von meinem Vater war, sah ich, dass ich mich selbst nicht sah. Ich anerkannte mich selbst nicht an. Und verlor mich in diesem Schmerz. Ich sah mein inneres Kind, die kleine Nina, vor mir, wie sie täglich diesen Kampf kämpfte. Ich lernte mit diesem inneren Kind, mit den Gefühlen, die sich mir zeigten, einen Raum zu geben, sie freizulassen und zu fühlen, gleichzeitig mich dafür nicht zu verurteilen. Ich konnte mir wieder im Spiegel betrachten und sah, welche Erfolge ich schon in meinem Leben verbuchen konnte. Hier kann dir keine Technik, kein Buch, keine Fortbildung helfen. Nein, du darfst lernen, dich zu sehen. Dich im Spiegel zu betrachten und dir selbst zu sagen: „Ich liebe dich."

Warum ich dir dies hier schreibe?

Weil auch Pferde ein inneres Kind haben. Das zeigte mir meine damalige Stute Anastazya. Sie hatte starke Menstruationsschmerzen. Sie schrie bei der Rosse. Ihr ganzer Körper verkrampfte sich, und sie war noch empfindlicher als sonst. Kein Tierarzt konnte mir helfen. Ich sollte eine Hormonspritze anwenden und ihr monatlich Medikamente geben, aber einen Erfolg konnten sie mir nicht versprechen. Das war mir zu wenig, zu unsicher. War mir doch klar, da muss es noch etwas anderes geben.

Ich übte mich in Tierkommunikation und im Lesen von Energiefeldern und arbeitete mit Experten auf diesem Gebiet zusammen. Egal, wann wir mit ihr arbeiteten, im Bezug auf dieses Thema kamen immer die Gefühle der tiefen Trauer, die Angst vor Verlust und dass sie schon die Erfahrung machte, etwas verloren zu haben. In einer Tierkommunikation, die ich mit ihr machte, sagte sie mir, sie hätte ihr Fohlen verloren, und dies sei der Grund, warum sie keine Fohlen mehr aufnehmen würde, und sie verurteilte sich selbst dafür. Sie fühlte sich nicht gut genug und gab sich selbst die Schuld daran, dass dieses Fohlen starb. Sie verurteilte ihre Weiblichkeit – siehst du die Ähnlichkeit zu meinen Themen?

Mir fiel es wie Schuppen von den Augen. Das war einer der Gründe, warum sie distanziert war, sie Schmerzen hatte und die Angst vor dem Verlust, die Angst davor, dass wieder ein Unglück passierte, ihr Antrieb war. Ich nahm Kontakt auf mit der Züchterin und schilderte meine Informationen. Sie war sprachlos.

Anastazyas Mutter hatte zu der Zeit, als sie mit Anastazya trächtig war, ein Fohlen. Anastazyas Bruder. Ein wunderschöner Hengst, der leider innerhalb von fünf Monate starb. Plötzlich. Eine tiefe Traurigkeit übermannte die Mutter von Anastazya. Sie war depressiv, nahm kaum mehr am Leben teil und distanzierte sich von allem. Erst als Anastazya auf die Welt kam, erholte sie sich einigermaßen. Dieses Erlebnis ihrer Mutter beeinflusste Anastazya so sehr, dass sie schlussfolgerte, dass sie niemals ein Fohlen bekommen möchte und sich vom Leben distanzierte.

Durch diese Erkenntnis konnte sich einiges verändern. Durch das An- und Aussprechen und Behandeln dieses Themas konnte sich die negative Energie, die Strukturen in diesem Bereich verändern und lösen. Schritt für Schritt konnte sie ihr Leben verändern. Ich stellte zudem auch das Futter um und arbeite intensiv mit ihr in Bezug auf dieses Thema. Zum Schluss hatte sie keine Beschwerden mehr. Es war ein längerer Weg, das möchte ich dir nicht vorenthalten, dennoch war es ein Weg, der sich gelohnt hat. Ich erkannte an ihr und sie erkannte an sich Aspekte, die wir schon so lange unterdrückt hatten. Die Angst vor dem Verlust, diese tiefe Trauer verblasste immer mehr. Sie konnte nun besser mit diesen Gefühlen umgehen, wenn sie mal wieder aufkamen, und sie fand ihre Lebendigkeit wieder.

Nicht nur wir Menschen tragen ein inneres Kind in uns, auch Pferde besitzen einen Teil in sich, der tief mit ihren ursprünglichen Instinkten, Gefühlen und Erfahrungen verbunden ist. Genau wie beim Menschen können auch bei Pferden Traumata und unverarbeitete Erlebnisse Spuren hinterlassen – in ihrem Verhalten, in ihrer Körpersprache und in ihrer Beziehung zu uns.

Unser inneres Kind steht für unsere Verletzlichkeit, unsere Freude, aber auch für den Schmerz, den wir in der Vergangenheit erlebt haben. Ähnlich bewahren Pferde Erinnerungen an Momente, in denen sie Angst, Unsicherheit oder Überforderung erfahren haben. Diese Erlebnisse können sich im Körper, im Nervensystem und in ihrer Seele festsetzen. Sie zeigen sich oft in Form von Misstrauen, Reaktivität oder Rückzug.

Wenn wir mit einem traumatisierten Pferd arbeiten, begegnen wir nicht nur seinem äußeren Verhalten, sondern auch seinem „inneren Kind" – dem Teil, der sich vielleicht verloren, nicht gesehen oder nicht sicher gefühlt hat. Pferde tragen diese Erfahrungen still mit sich, denn sie haben keine Worte, um ihren Schmerz auszudrücken. Doch sie zeigen uns durch ihre Reaktionen, wenn alte Wunden in ihnen berührt werden.

Die Heilung beginnt, wenn wir dem Pferd die Möglichkeit geben, sich gesehen und sicher zu fühlen. Es geht darum, mit Geduld und Einfühlungsvermögen Raum zu schaffen, in dem alte Traumata ans Licht kommen dürfen. Wie bei unserem eigenen inneren Kind bedeutet dies, dass wir aufmerksam zuhören, ohne zu bewerten, und das Pferd in seinem Tempo begleiten.

Pferde lehren uns dabei eine tiefe Wahrheit: Heilung geschieht nicht durch Druck oder Kontrolle, sondern durch bedingungslose Präsenz und Vertrauen. Wenn wir uns auf diesen Prozess einlassen, können wir das innere Kind des Pferdes an die Hand nehmen und ihm zeigen, dass es jetzt sicher ist. Dass es nicht mehr kämpfen oder flüchten muss. Dass es wieder vertrauen darf.

Diese Arbeit ist immer eine wechselseitige Heilung. Denn während wir die Wunden eines Pferdes berühren, begegnen wir oft auch unseren eigenen. Die Ängste, Verletzungen oder Unsicherheiten, die wir in uns tragen, spiegeln sich in der Verbindung mit dem Pferd wider. Und indem wir dem Pferd helfen, seine Vergangenheit loszulassen, lernen auch wir, alte Lasten abzugeben.

Die Heilung des inneren Kindes – ob bei Mensch oder Pferd – erfordert Mut und Mitgefühl. Es ist ein Weg, auf dem wir uns selbst und unseren tierischen Gefährten auf einer neuen, tieferen Ebene begegnen. Ein Weg, der uns erinnert, dass unter all den Schichten von Schmerz und Angst eine unversehrte Essenz liegt – voller Liebe, Vertrauen und Lebenskraft. Und genau diese Essenz können wir gemeinsam wieder entdecken.

- Welche Ängste aus meiner Kindheit trage ich heute noch in mir?
- Welche Schutzmechanismen habe ich entwickelt, um mich als Kind sicher zu fühlen? Halten sie mich heute noch zurück?
- Wie beeinflussen die Erfahrungen meines inneren Kindes meine Beziehungen und Entscheidungen heute?
- Welche alten Muster oder Glaubenssätze aus meiner Kindheit prägen mein Leben noch immer?
- Was hätte mein inneres Kind damals am meisten gebraucht, aber nicht bekommen?
- Was würde mein inneres Kind jetzt zu mir sagen, wenn es die Möglichkeit hätte?

Aus dem Leben

Ich hatte die Ehre, dass ich einige Pferde schon behandeln durfte, um ihnen zu helfen, eine Dysbalance auf emotionaler oder körperlicher Ebene zu lösen. Hier möchte ich dir einige Beispiele nennen, dass du siehst, wahrnimmst und spürst, welche unendlichen Möglichkeiten es gibt. Ich nenne bewusst keine

Namen, da ich die Privatsphäre meiner Klienten respektiere und wertschätze.

Eine Besitzerin bat mich, ihrer Stute zu helfen. Ich sei der letzte Ausweg, denn sie wisse nicht mehr weiter und niemand könne ihr helfen. Ich kam zu dieser Stute und hielt inne, denn das Bild, das ich sah, machte mich sprachlos. Ich sehe und treffe auf einige Pferde. Doch bei dieser Stute sah man eindeutig, wie schwer sie es in ihrem Leben gehabt hatte. Ihr Körper schrie förmlich, sie hatte Schmerzen, ihr Brustkorb war wie in einem Schraubstock, der Darm war unausgeglichen und sie hatte starkes Kotwasser. Sie war psychisch am Ende. Schreckhaft, sensibel, ängstlich, kopflos. Sie hielt es am Anfang nicht aus, dass ich sie berührte, also zog ich mich etwas zurück und hielt Abstand mit meinen Fingern. Nach einigen Minuten erlaubte sie mir, sie zu berühren und auf einer tieferen Ebene zu berühren. Sie zeigte mir Bilder ihrer Vergangenheit, wo sie von Menschen körperlich gequält wurde. Sie wurde viel zu früh eingeritten, und das auf eine strenge Art und Weise. Die Stute wurde mit Ausbindern runtergeschnallt, sie musste Lektionen/Übungen machen, für die sie noch gar nicht geeignet war, körperlich sowie emotional. Das spiegelte auch ihr Körper. Sie war körperlich und emotional am Ende. Sie konnte nicht mehr, sie war depressiv. Ihre Laune drückte sie mit Ängstlichkeit aus. Sie hatte keine Verbindung mehr zu ihrem Herzen. *„Der Mensch ist zu brutal. Ich kann ihm nicht mehr vertrauen. Ich werde nur herumgereicht, wie eine Trophäe, und niemand hört mir zu."* Es war schmerzhaft, dies zu spüren und zu fühlen. Durch leichte Impulse verhalf ich ihr, den emotionalen Schmerz loszulassen und sie auszugleichen. Die körperlichen Schmerzen wurden gelindert und sie richtete sich auf. Der Brustkorb öffnete sich, und die Hinterhand war nicht mehr untergeschoben. Sie ging in eine Art Trance, ihre Augen schlossen sich, der Kopf sank zu Boden, und man spürte, dass sie Endorphine ausschüttete. Sie konnte sich vollkommen fallen lassen. Es war wunderschön, dies zu fühlen.

Nach der Behandlung war sie ein komplett anderes Pferd. Ihr Blick war klar und voller Zuversicht. Ihre Seele kam zum Ausdruck. Die Besitzerin und ich haben danach besprochen, wie es weitergehen sollte, was sie bei der Fütterung, Haltung und Training beachten sollte. Einen Monat später hatte ich die Ehre, sie noch einmal behandeln zu dürfen. Ihre Augen leuchteten, und sie strahlte von innen heraus. Die Besitzerin hatte alles umgesetzt und führte immer wieder Körperarbeit und Heilbehandlungen durch. Es war wunderschön anzusehen, wie gut es ihr nun ging. Sie war im Frieden mit dem, was passierte und konnte sich wieder für das Leben im Hier und Jetzt öffnen. Sie vertraute den Menschen wieder.

Eines Tages kam ich zu einen Wallach. Er war noch sehr jung und total überfordert mit den Anforderungen, die von ihm erwartet wurden, und er hatte körperliche Schmerzen. Er wuchs sehr schnell, er war viel zu groß für sein Alter, und hatte daher auch Koordinationsschwierigkeiten. Er wusste nicht, wo er anfing und wo er endete und war psychisch durch den Wind. Das schilderte auch die Besitzerin beim Reiten. Auch sein Körper war sensibel und überempfindlich. Er war wegen jeder Kleinigkeit gleich durch den Wind und er fing bei Überforderung an zu steigen, hat die Reiterin des Öfteren abgeworfen und sich losgerissen. Die Besitzerin hatte damals Glück, doch sie trug Schäden von diesem Sturz davon. Der Wallach war depressiv und konnte nicht mehr. Er wollte nur, dass die Menschen in seinem Umfeld aufhören, ihn zu drangsalieren und zu überfordern. Er wollte endlich gehört und gesehen werden. Er wollte einfach ein Pferd sein. Er litt unter den Bedingungen. Er musste immer mehr leisten. Sein Körper spiegelte die psychosomatischen Hintergründe. Er hatte starke Verdauungsbeschwerden, war kopfscheu, hatte einen Karpfenrücken und Lendenprobleme. Er schrie förmlich: „Bitte rettet mich.“

Ich fing ganz langsam an und schwang mich in seinem Körper ein. Er zeigte mir Bilder, wo er früh von der Mutter getrennt wurde und er sie sehr vermisste. Das sah man ihm auch im Gesicht an. Er konnte mit den Anforderungen, die von ihm verlangt wurden, nicht klarkommen. Er war emotional und körperlich nicht so weit. Sein Körper schmerzte, und er zeigte mir, wie sehr sein Körper unter dem frühen Einreiten litt, denn er war erst fünf Jahre alt, daher auch die Probleme im Lendenbereich. Die Zeit verging rasend schnell, die Bilder schossen durch meinen Kopf. Er hatte Probleme mit Vertrauen und er spürte seine Hinterhand kaum. Ich ließ mich von der Energie leiten und es fühlte sich an, als würden wir verschmelzen. Ich vertraute mir und ihm und ließ los. Man sah dies wieder in seinem Gesicht, seine Augen schlossen sich und er ließ den Kopf fallen, Endorphine wurden ausgeschüttet und er öffnete sein Herz. Seine starken Verdauungsstörungen gingen weg, er war viel ruhiger und ausgeglichener. Er spürte seine Hinterhand wieder und konnte wieder mehr ins Leben vertrauen.

Dies sind Erfahrungen aus meinem Leben, um dir einen Einblick in diese Arbeit zu geben.

Das Risiko zu lieben

„Im Einssein erkennen wir uns selbst im Anderen, sehen uns tief in die Seele und öffnen unser Herz. In dieser Verbindung finden wir nicht nur Liebe, sondern die Wahrheit unseres Seins." – Nina Foditsch

Zu lieben ist ein Risiko, geliebt zu werden ist ein Risiko. Die Liebe lockt alles in uns hervor, die guten wie die negativen Seiten. Und doch ist es das, wonach wir uns am meisten sehnen und dass was wir am meisten fürchten. „Ich möchte doch nur geliebt werden", höre ich mich immer wieder sagen. Ich war an einem

Punkt in meinem Leben angelangt, an dem mich ein tiefes Loch verschlucken wollte. Eine Tiefe, die so leer und beängstigend war. Einsamkeit und Traurigkeit drohten mich zu verschlucken.

Beziehungen – egal in welcher Form – waren für mich an Bedingungen und Erwartungen geknüpft. Ich war überzeugt davon, dass Liebe gefährlich und schmerzvoll ist. Dass Liebe einen in die Einsamkeit, Traurigkeit stürzte. Dass Liebe ohne Wenn und Aber über dich regiert und dir alles abverlangt, auf negative Art und Weise. Mich konnte man doch nicht lieben, bin ich ja doch so anders, sagte ich mir immer wieder.

Meine Überzeugung war, dass Liebe einen ausnutzt und nur dann gegeben wird, wenn mein Gegenüber etwas von mir benötigt. Ein ehrliches „Ich liebe dich" konnte ich nicht annehmen, denn er liebt doch nur den Schein von mir, sobald er sah, wer ich wirklich bin, würde er sich das anders überlegen. Und ich glaube, du kennst diesen Schmerz ebenso.

Wir sind hier, um zu lieben. Doch wie oft stellen wir uns selbst in den Weg und erlauben uns nicht zu lieben? Oder geliebt zu werden? Genau daran erinnern uns Pferde. Sie können unsere größten Lehrmeister sein und ermöglichen uns, die Dinge in unserem Leben aus einem anderen Blickwinkel zu betrachten.

- In welchem Bereich deines Lebens hast du aufgehört, an die Liebe zu glauben?
- Welche Bedingungen und Erwartungen hast du an die Liebe?
- Was versuchst du vor dir selbst oder anderen zu verstecken?
- Was ist in deinen Augen das Bedrohliche hinter diesen versteckten Aspekten?
- Hast du die Tendenz, gewisse Dinge zu persönlich zu nehmen? Warum?
- Gibt es Blockaden, die den Strom der Liebe blockieren?

Ich war das Produkt meiner Gedanken und Glaubenssätze über mich. Prägungen, Strukturen und Geschichten derer, die um mich herum waren, sind und sein werden. Ich war verloren in meinen negativen Gedanken, abgetrennt von meinem Körper. Ein Opfer meiner negativen Gedanken.

Egal, was den Pferden passiert, sie geben nicht auf, sie finden immer wieder neue Lösungen, Zuversicht und Hoffnung. Die Pferde zeigten mir, dass ich diesen ewigen Überlebenskampf, die ewige Suche nach Liebe und Geborgenheit beenden darf. Stattdessen mich mit mir selbst verbinden.

Du bist nicht das Opfer deines Umfeldes. Du bist ein unglaublich wertvoller Mensch. Dich gibt es nur einmal auf dieser Welt, und genau auf dich hat die Welt gewartet. Du bist hier, um diese Welt ein Stück zu verändern mit dem, was du bist. Der Sinn deines Lebens ist, dich auf allen Ebenen deines Seins wahrzunehmen und das Leben zu rocken. Wie oft vergeudest du die wertvolle Zeit deines Lebens, indem du nur die Dinge in deinem Leben siehst, die nicht gut genug sind? Achte und wertschätze den Moment in deinem Leben, und du wirst spüren und sehen, wie sich Frieden in dir ausbreiten kann.

Wie lange möchtest du noch in deinem Leben kämpfen?

Lass deine Waffen fallen und erinnere dich daran, dass du der Schöpfer in deinem Leben bist. Erinnere dich daran, dass dein Herz nur deswegen schlägt, weil du dich dafür entschieden hast. Du hast dich entschieden, hier zu sein. Du hast dich dafür entschieden, ein wundervoller, starker, außergewöhnlicher Mensch zu sein. Wir alle haben uns entschieden, hier auf dieser Erde zu sein.

Es gibt keine Zufälle, und das Leben möchte dir nichts Schlechtes. Es ist auch kein Zufall, dass genau du das heute liest, denn genau du sollst dich daran erinnern, welche außergewöhnliche Kraft du hast. Du sollst dich heute daran erinnern, dass du Liebe bist – und Liebe all deine Wunden heilt.

Du hast dich entschieden, dass du mit all den Herausforderungen, die du erlebst und erlebt hast, stark genug bist, sie zu meistern. Du hast dein Leben gerockt – in der besten Art und Weise! Das Leben kommt uns oftmals hart und schwer vor, doch es stellt uns keine Aufgaben, die für uns zu hart sind. Du hast dich entschieden, dich selbst zu leben, zu erfahren, zu lieben. Wir alle haben uns dafür entschieden, alle Schwierigkeiten, Herausforderungen, alle Emotionen und Abenteuer zu erfahren, zu leben und zu spüren. Erinnere dich daran, dass du die Entscheidung getroffen hast zu wachsen und zu erblühen. Jede Minute deines Lebens!

Wir vergessen oft, dass wir jeden Tag die Wahl haben, wer wir sind, was wir tun und welchen Beitrag wir für uns und unser Umfeld leisten. Du bekommst jeden Tag 86.400 Sekunden zur Verfügung! Und in jeder einzelnen Sekunde dürfen wir wählen, uns zu lieben, zu achten und wertzuschätzen. Dieses Leben ist endlich. Gestern ist vergangen. Beschäftige dich nicht mit Dingen, die du nicht mehr ändern kannst, denn unsere Zeit hier auf Erden wird nicht gutgeschrieben.

Du kannst alles schaffen. Dein Leben ist für dich und wurde dir geschenkt. Du bist ein Geschenk für diese Welt. Du kannst jeden Tag Weisheit, Liebe, Demut, Vergebung, Glück wählen. Denke daran, mit jedem Gedanken formst du deine Welt. Ja, die Welt ist oft chaotisch, aufreibend, dennoch haben wir immer die Wahl, jede noch so große Herausforderung mit Liebe und Frieden zu begegnen.

Du bist vollkommen, du bist vollständig. Du bist hier, um die Welt bunter zu machen. Genau deine verschiedenen Farben benötigt diese Welt! Wähle heute bewusst Gedanken, die für dich ein Beitrag sind, die voller Liebe und Güte sind! Du bist das fehlende Puzzlestück, ohne dich sind wir nicht ganz!

Ich bin, weil wir sind!

Die Behandlung

„Das Schönste, was wir erleben können, ist das Geheimnisvolle.
Es ist das Grundgefühl, das an der Wiege wahrer Kunst und
Wissenschaft steht. Wer es nicht kennt und sich nicht mehr
wundert, nicht mehr staunen kann, der ist sozusagen tot und
sein Auge erloschen." – Albert Einstein

Jedes Lebewesen kann durch gute Absichten und einer Berührung den anderen eine Behandlung geben. Es sind nicht nur ein paar „Auserwählte", die das können. Nein. Wir alle haben die Fähigkeit vom Universum – oder Gott –, wie auch immer du es nennen magst, Energien zu transformieren, indem wir berühren und unsere Konzentration und den Fokus auf die Gesundheit, Schönheit und Liebe richten. Es ist die Lebenskraft in uns, die uns leitet, und diese besitzt jeder von uns. Unsere Lebenskraft dient als Grundlage für unsere Verständigung und als Hilfsmittel zur Heilung auf einer Ebene, die wir eventuell nicht für möglich halten. Versuche es einfach. Nur durch das Tun wirst du Verständnis und Klarheit finden.

Mit dieser Behandlung kannst du nichts falsch machen, insofern du auf Gesundheit, Liebe und Wohlbefinden ausgerichtet bist. Du kannst dadurch viel Gutes bewirken. Jeder Mensch arbeitet unterschiedlich mit Energien, finde deinen Weg heraus. Welchen Zugang du auch immer hast, ob du Bilder, Gefühle, Schmerzen oder Ähnliches wahrnimmst. Finde deinen Weg. Wenn du dabei Unterstützung benötigst, deinen Weg, deinen Zugang zu finden, wende dich an jemanden, der auf dieser Ebene schon geübt ist.

Hingabe, Geduld und Übung helfen dir dabei, dieses Gebiet zu erforschen. Pferde lehren uns auf einer tieferen Ebene und sie sind wunderbare Lehrer für eine Heilbehandlung wie diese. Sie lehren uns, unserer Intuition zu folgen. Pferde helfen uns, uns ein Stück weiterzuentwickeln und mit dem Leben im Einklang zu sein. Sie öffnen unsere intuitiven Zugänge und geben uns Heilung auf einer tiefen Ebene.

Nimm dir für die Behandlung genügend Zeit. Beginne mit einer halben Stunde und konzentriere dich auf die Liebe und Energie. Mache diese Behandlung zu einer Zeit, in der auch dein Pferd Zeit hat, also wenn es nicht abgelenkt ist mit Fressen oder Rausgehen. Schalte dein Handy aus und lass dich nicht ablenken vom Trubel im Stall. Falls du dich danach müde fühlst, heißt das nicht, dass du deine Energie deinem Pferd übertragen hast, sondern die starke Konzentration und der Fokus machen dich müde. Mach eine Pause und entspanne dich.

Übersicht der Chakren

Hier findest du einige Informationen über die Chakren. Indem du deine Hände auf die Lage der Chakren legst, die Farbe visualisierst oder auch mit den Steinen arbeitest, kannst du das jeweilige Chakra ausgleichen, harmonisieren und stärken. Durch die Harmonisierung können sich Ängste, Verstimmungen, körperliche sowie emotionale Unausgeglichenheit lösen und negative Gedankenmuster verschwinden. Jedes Chakra ist einem Organ und einem Körperbereich zugeordnet und versorgt die jeweiligen Bereiche mit Energie. Störungen in den Chakren könnten auch eine Ursache für Krankheiten sein. Die Hauptchakren sind Energiezentren von etwa sieben bis zehn Zentimetern Durchmesser, die sich unaufhörlich drehen. Alle Chakren sind ständig in Bewegung. Sie nehmen Energie auf und geben sie wieder ab.

Laufen die Chakren „nicht rund", kann sich dies auf der körperlichen sowie psychischen Ebene zeigen. Sie kontrollieren den gesamten Körper, seine einzelnen Teile und Organe, sie versorgen ihn mit Energie und sind für seine ordnungsgemäße Funktion verantwortlich.

Auch zwischen den Chakren findet ein harmonischer Energiefluss statt. Sie kommunizieren miteinander. Ist ein Chakra ständig mit Überenergie versorgt, hat dies Auswirkungen auf die anderen Chakren. Kurzfristige Schwankungen sind aber völlig natürlich – können sogar in manchen Situationen passend sein – und harmonisieren sich von selbst. Das unterste Wurzelchakra wird oft als langsamer in seiner Bewegung wahrgenommen als das Kronenchakra.

I. Chakra – Wurzelchakra

- **Farbe:** Rot
- **Lage:** liegt rund um die Schweifrübe, vom Ansatz der Schweifrübe, öffnet sich nach hinten
- **Element:** Erde
- **Steine:** Achat, Hämatit, Blutjaspis, Granat, Rubin
- **Aromen:** Nelke, Rosmarin, Ingwer, Zypresse, Zeder
- **Körperliche Zuordnung:** Wirbelsäule, Knochen, Zähne, Drüsen, Nebenniere, Dickdarm
- **Assoziierende Drüse:** Nebenniere
- **Emotionale Zuordnung:** Verwurzelung auf der Erde, Stabilität, Geborgenheit, Urvertrauen, Vertrauen
- **Mental Zuordnung:** Lebenswille, Annahme des Körpers, Inkarnation, Durchhaltevermögen, Überleben
- **Energiedefizite/Blockaden:** Probleme mit dem Schweif, Knochenproblematiken, Ischiasnervprobleme, Dickdarmstörungen
- **Themen:** Erdung, Urvertrauen, Stabilität, Sicherheit, Fortpflanzung, Individualität
- **Auswirkungen:** Schmerzen in der Wirbelsäule, Immunschwäche, Essstörungen
- **Überenergie:** stur, zu geerdet (Stagnation), langsam, dominant
- **Unterenergie:** schwach, ängstlich, mangelnder Lebenswille

Stress, Angst, mangelnde Lebensenergie, aber auch Phobien können auf ein blockiertes Wurzelchakra hinweisen. Es ist für die persönliche Verbundenheit mit der Erde und für die Lebenskraft zuständig. Bei einem blockierten Wurzelchakra ist die allgemeine körperliche Konstitution schwach und das Tier hat wenig körperliche und seelische Widerstandskraft, als würden sie sich nirgends wohl und geborgen fühlen. Es fehlt ihnen an Stabilität, Durchhaltevermögen und haben eine erhöhte Stress- und Schmerzempfindlichkeit. Ist das Wurzelchakra zu schwach, versucht der Körper, die fehlende Schwäche unten mit der Spannung oben zu kompensieren. Es fehlt die Verwurzelung mit den Beinen und Füßen mit der Erde. Ebenso fällt das „Aufladen" mit neuer Energie schwer. Es ist den Nebennieren zugeordnet: bei Hormonstörungen und Störungen im Stoffwechsel sollte man auch an eine Blockade dieses Chakras denken. Auch bei einer schwachen Hinterhandmuskulatur hilft die Harmonisierung des Wurzelchakras. Dieses Chakra ist oft blockiert oder im Mangel bei Pferden, die zu früh von ihrer Mutter weggenommen wurden oder emotionalen oder körperlichen Missbrauch erfahren haben. Dieses Chakra zeigt auch an, wie viel Urvertrauen dieses Pferd hat und wie sehr es hier auf der Erde und in seinem Körper „angekommen" ist, wie sehr sich es verwurzelt fühlt.

Leider ist es so, dass bei traumatisierten Pferden genau dieses Chakra sehr geschwächt oder verletzt ist. Durch die traumatische Erfahrung zieht sich das Pferd, energetisch gesehen, aus dem Körper. Viele kehren nicht mehr vollständig in den Körper zurück. Je älter ein Pferd wird, umso schwächer wird auch das Wurzelchakra, weil der Lebenswille und die Anbindung an die Erde langsam schwinden.

2. Chakra – Sakralchakra

- **Farbe:** Orange
- **Lage:** liegt im Bereich des lumbosakralen Übergangs, öffnet sich nach oben und unten
- **Element:** Wasser
- **Steine:** Goldtopas, Koralle
- **Aromen:** Ylang-Ylang, Sandelholz, Myrrhe, Bitterorange, Pfeffer
- **Themen:** Sexualität, Beziehung zum eigenen Körper, Kreativität, Lebensfreude
- **Körperliche Zuordnung:** Geschlechtsorgane, Nieren, Blase, Blutkreislauf, Hoden und Eierstöcke, Sexualhormone, Keimdrüsen
- **Assoziierende Drüse:** Eierstöcke, Hoden, Prostata
- **Emotionale Zuordnung:** Lebensfreude, Freude, im Körper zu sein, Freude an Bewegung, Lust an Sexualität
- **Mentale Zuordnung:** Annahmen des eigenen Körpers
- **Auswirkungen:** Erkrankungen von Geschlechtsorganen, Niere und Blase, sexuelle Dysfunktion, Harnwegsinfektionen, Verlust des Appetits an Essen, Lebensunlust
- **Überenergie:** emotional aufbrausend, aggressiv, überdreht, paarungsbereit, besitzsucht
- **Unterenergie:** scheu, übersensibel, kein Interesse an Sexualität

Das Sakralchakra ist das Zentrum der Emotionen und sexueller Energien. Dieses Chakra steht für schöpferische Lebensenergie und Lebensfreude und ist dem Element Wasser zugeordnet. Wasser steht immer symbolisch für „alles ist im Fluss und bewegt sich"; es reinigt und löst wie die Niere und Blase, die eine entgiftende, körperliche Wirkung haben. Bei Wallachen kann es oft aufgrund der Kastrationsnarbe zu Störungen im Sakralchakra kommen. Sie haben Schwierigkeiten, richtig mit der Hinterhand unterzutreten. Weibliche Tiere sind dauerrossig und Wallache sehr deckfreudig. Vor allem Pferde, die mitten in der „Pubertät" stecken, haben oftmals ein überaktives Sakralchakra. Sie lassen sich auf nichts wirklich ein, probieren vieles aus (sowohl positive als auch negative Dinge), sind schnell Feuer und Flamme, aber ihre Euphorie hält nie lange an. Ist das Sakralchakra unausgeglichen, kann sich dies auch durch einen Kontrollzwang zeigen oder zu anderen Zwängen führen.

Die körperlichen Symptome bei Pferden mit einem unausgeglichenen Sakralchakra können sich auch durch Schlafprobleme, Antriebslosigkeit, Müdigkeit und starke Stimmungsschwankungen ausdrücken. Wir als Besitzer dürfen darauf achten, dass die Herdenkonstellation für unser Pferd die richtige ist, denn dies hat auch eine große Auswirkung auf das Sakralchakra.

3. Chakra – Solarplexus

- **Farbe:** Gelb
- **Lage:** am Rücken am Übergang zwischen Brust- und Lenden-wirbelsäule und unten am Ende der Brustbeinspitze
- **Element:** Feuer
- **Steine:** Citrin, Tigerauge, gelber Jaspis
- **Aromen:** Lavendel, Kamille
- **Körperliche Zuordnung:** Verdauungssystem, Magen, Leber, Milz, Galle, Bauchspeicheldrüse, Zwerchfell, sympathisches Nervensystem
- **Assoziierende Drüse:** Bauchspeicheldrüse
- **Emotionale Zuordnung:** Sensibilität, Abgrenzungsprobleme
- **Mentale Zuordnung:** Macht und Ohnmacht, Selbstwert, Willenskraft, Selbstvertrauen, Identität, Selbstkontrolle
- **Themen:** Macht, Willenskraft, Selbstvertrauen, Selbstwert, Vertrauen in das Leben
- **Auswirkungen:** Verdauungsprobleme, Essstörungen, Atem-probleme, Divertikulitis. Magengeschwüre, Gallensteine, Diabetes mellitus, Darmerkrankungen, Krebserkrankungen
- **Überenergie:** selbstkritisch, perfektionistisch, arbeitet bis zum Zusammenbruch, lehnt Autoritäten ab, Streben nach Macht
- **Unterenergie:** wenig Selbstbewusstsein, Angst, allein zu sein, unsicher, braucht viel Bestätigung

Das Solarplexus-Chakra ist dem Feuerelement zugeordnet und der Sinnesfunktion Sehen verbunden – Feuer bedeutet Licht, Wärme, Energie und Aktivität. Das Chakra öffnet sich in zwei Richtungen, nach oben und unten. Man kann es als Kraftzentrum verstehen, mit dem Tiere die Energie der Sonne aufnehmen. Die Stimmungslage der Tiere hängt stark davon ab, ob dieses Chakra blockiert oder geöffnet ist. Bei einer Blockade sind die Tiere unausgeglichen und fühlen sich innerlich unerfüllt. Dieses Chakra ist wichtig für das Gefühlsleben und die Beziehungsfä-higkeit der Tiere untereinander und zum Menschen. Wir Lebe-wesen nehmen durch das Solarplexus-Chakra die Schwingungen anderer Menschen und Tiere untereinander wahr und gehen dabei in einen Austausch. Bei negativen Schwingungen zieht sich das Chakra intuitiv zusammen und schützt uns Lebewesen von äußeren Einflüssen. Das Solarplexus-Chakra ist ein wichtiger Energiespeicher. Eine Schwäche wirkt sich immer auch auf die anderen Chakren aus. Die Pferde sind kaum zu bändigen, außer sich und können Grenzen ihres Umfeldes kaum wahrnehmen. Ist das Chakra emotional verletzt, können die Pferde in sich gekehrt sein.

Bei traumatisierten Pferden ist der Solarplexus häufig mit dem Wurzelchakra blockiert. Der Solarplexus ist stark mit Themen von Ohnmachts- oder Machtsituationen verbunden.

4. Chakra – Herzchakra

- **Farbe:** Grün, Rosa, Gold
- **Lage:** im Bereich des Widerrists und ein zweiter Teil zwischen Brustbeinspitze und Vorhand
- **Element:** Luft
- **Steine:** Rosenquarz, Jade, Smaragd
- **Aromen:** Rose, Jasmin
- **Körperliche Zuordnung:** Herz, Blutzirkulation, unterer Bereich der Lunge, oberer Bereich des Rückens mit Brustkorb und Brusthöhle
- **Assoziierende Drüse:** Thymusdrüse
- **Emotionale Zuordnung:** Liebe, Selbstliebe, Geborgenheit, Traurigkeit, die aus der Kindheit stammt, Sozialbewusstsein, Toleranz, Verzeihung
- **Mentale Zuordnung:** Angst vor Verlust, Loslassen
- **Themen:** Liebe, Empathie, inneres Kind, Hilfsbereitschaft
- **Auswirkungen:** Krankheiten von Herz, Lunge, Brust, Armen und Händen, hoher oder niedriger Blutdruck, Kreislaufprobleme, Durchblutungsstörungen, Asthma, Allergien
- **Überenergie:** fordernd, launisch, melodramatisch, herzlos, Störungen im Herz-Kreislaufsystem
- **Unterenergie:** Selbstmitleid, Angst, verletzt oder verlassen zu werden

Das Herzchakra ist der Mittelpunkt des Chakrensystems und dem Element Luft zugeordnet sowie der Sinnesfunktion Tasten. Das Herzchakra verfügt über ein großes Potenzial der Transformation und Heilungsfähigkeit, es wird auch sehr oft bei Auflösungen von Traumata und Sabotageprogrammen miteinbezogen. Die Themen des Herzchakras sind unter anderem auch Traumata (emotionale und körperliche), Trauer, Misstrauen, Verwahrlosung und Schock. Ist das Herzchakra blockiert, sind die Pferde oft misstrauisch und unsicher. Sie haben sich vor der Liebe verschlossen, abgekapselt und wirken ungreifbar. Nichts dringt zu ihnen durch, dahinter liegt meistens ein schweres körperliches oder emotionales Trauma.

Unpassende Sättel, die ein zu enges Kopfeisen haben, führen häufig zu Blockaden in diesem Chakra. Bei Stallwechsel oder Verlust bietet es sich an, dieses Chakra zu harmonisieren. Das Herzchakra benötigt am meisten Akzeptanz, Liebe, Dankbarkeit, Freiheit und Wandel. Die Pferde können auch unter Blähungen und diversen anderen Verdauungsstörungen leiden.

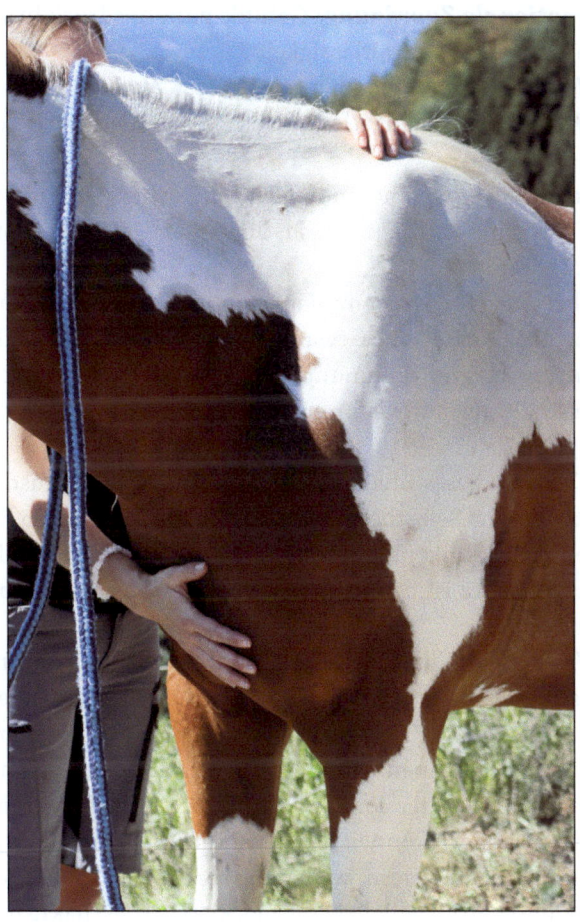

5. Chakra – Halschakra

- **Farbe:** Hellblau, Türkis
- **Lage:** in der Höhe des Kehlkopfs
- **Element:** Äther
- **Steine:** Aquamarin, blauer Topas
- **Körperliche Zuordnung:** Hals, Nacken, Kieferbereich, Luftröhre, Bronchien, oberer Lungenbereich, Kehlkopf
- **Assoziierende Drüse:** Schilddrüse
- **Emotionale Zuordnung:** Gefühle zum Ausdruck bringen, Interpretation, Zuverlässigkeit
- **Mentale Zuordnung:** mentale Kraft, Kreativität, Wahrheit
- **Themen:** Kommunikation, Ausdruck, Selbstausdruck, Selbstbewusstsein
- **Auswirkungen:** Entzündungen von Rachen, Nebenhöhlen, Mundhöhle und Zahnfleisch, Über- oder Unterfunktion der Schilddrüse
- **Überenergie:** Arroganz, dauernde Lautäußerungen, Suchtthemen, Worte ohne Gewalt, Sprache ist roh, kühl, sachlich
- **Unterenergie:** Hemmungen, Angst, Schüchternheit, Zurückhaltung, auch während der Behandlung

Die Themen dieses Chakras sind Kommunikation, Ausdruck, Kreativität und Selbstbewusstsein. Auf der körperlichen Ebene zählen dazu Kehlkopf, Stimme, Schilddrüsenregion und Hals. Das Halschakra ist dem Sinn Hören zugeordnet und dem Element Himmel.

Wenn dieses Chakra blockiert ist, sind die Pferde oft misstrauisch und feindselig. Wenn das Pferd sogar bei Schmerzen nichts „ausdrückt", ist eine massive Blockade im Halschakra vorhanden. Sie haben kein Selbstbewusstsein und kompensieren das mit Aggression. Es sind Pferde, die sich nicht in die Herde eingliedern können und möchten. Sie können das, was sie sind und verkörpern, weder annehmen noch ausdrücken. Pferde, die es an Qi fehlt bzw. ein blockiertes Halschakra haben, können eine sehr helle, untypische Stimmfarbe haben. Auch, wenn diese Pferde erwachsen sind haben sie eine sehr helle Stimmfarbe.Die Angst, abgelehnt zu werden, begleitet sie, und sie neigen zu Erkrankungen im Halsbereich (Halswirbelsäule, Bronchien, Schilddrüse).

Pferde, die emotional oder körperlich missbraucht wurden, haben das Vertrauen in Menschen verloren und daher ihrem Umfeld nichts mehr zu sagen.

6. Chakra – Stirnchakra

- *Farbe:* Indigoblau
- *Lage:* liegt mittig auf der Stirn
- *Steine:* Opal, blauer Turmalin, blauer Saphir
- *Aromen:* Lemongras, Veilchen
- *Körperliche Zuordnung:* Gesicht, Augen, Nebenhöhlen, Kleinhirn, Zentrales Nervensystem
- *Assoziierende Drüse:* Epiphyse (Zirbeldrüse)
- *Emotionale Zuordnung:* Überforderung mit dem, was man über die Hellsinne wahrnimmt
- *Mentale Zuordnung:* Einstellungen, Glaubenssätze, Weisheit, Selbsterkenntnis, geistige Klarheit
- *Themen:* Intuition, Wahrnehmung feinstofflicher Energien
- *Auswirkungen:* Kopfschmerzen, Migräne, Schlaganfälle, Epilepsie, Hirntumore, Erkrankungen von Augen, Ohren, Nase und Nervensystem
- *Überenergie:* egozentrisch, stolz, ängstlich, kopflos, zynisch
- *Unterenergie:* kreisende Gedanken, geistige Verwirrung

Das Stirnchakra ist dem Element Silber und der Intuition zugeordnet. Wenn das Chakra blockiert ist, sind die Pferde oft ungeduldig, unkonzentriert, schreckhaft oder ängstlich und depressiv. Manche sind auch kopfscheu. Bei vielen Stresssituationen hat es sich bewährt, das Stirnchakra zu harmonisieren. Sie hadern mit sich, diskutieren immer wieder um die gleichen Situationen und stehen sich selbst im Weg, dies kann ein unausgeglichenes Stirnchakra bewirken. Der Überlebensinstinkt dieser Pferde ist ständig „on fire" und es ist schwer, sie in ihre Mitte zu bekommen. Unter anderem ist auch ein zu hoher Muskeltonus, also eine hohe Muskelanspannung, ein Anzeichen dafür, dass das Stirnchakra im Ungleichgewicht ist.

Das Stirnchakra ist das Zentrum der feinstofflichen Wahrnehmung. Es ist bei vielen sehr stark aktiv, die sich telepathisch verständigen. Leider fühlen sich hiervon viele überfordert und können den Fluss, der auf sie einströmt, nicht kontrollieren. Sie übernehmen die Sorgen, Energien und Grübeleien ihres Umfeldes und sind mit diesen Energien überfordert, da es nicht ihre Energien sind.

7. Chakra – Kronenchakra

- **Farbe:** Violett bis Weiß
- **Lage:** mittig zwischen den Ohren
- **Steine:** Amethyst, Diamant
- **Aromen:** Weihrauch, Rosenholz
- **Körperliche Zuordnung:** Großhirn, Gesamtheit des Organismus, Nervensystem
- **Assoziierende Drüse:** Hypophyse (Hirnanhangdrüse)
- **Emotionale Zuordnung:** Vertrauen, Gefühl von Einssein und Heilsein
- **Mentale Zuordnung:** Erleuchtung, Selbstverwirklichung, Verbundenheit mit dem Kosmos, selbstlose Hingabe, universelles Bewusstsein
- **Themen:** Verbindung zur göttlichen Energie, Einblick in die eigene Seele
- **Auswirkungen:** Nervenleiden, Lähmungserscheinungen, Multiple Sklerose, Krebserkrankungen, Schlafstörungen, Koma, Immunschwäche
- **Überenergie:** mangelnde Erdung, zu abgehoben, Realitätsflucht, Depression, Konfusion
- **Unterenergie:** Entscheidungsschwäche, wenig Verbindung zum Kosmos, wenn Pferde am Sinn des Lebens zweifeln (z. B. Zootiere)

Das Kronenchakra entwickelt sich im Laufe des Lebens. Das Chakra wird meist im Kontext des Höheren Selbst und der Spiritualität gesetzt, umfasst aber noch viele weitere Ebenen. Es geht hier darum, über sich und selbsterschaffende Grenzen hinauszuwachsen und sich mit dem „Wer bin ich" auf einer tieferen Ebene zu verbinden. Pferde (aber auch andere Lebewesen) fühlen sich der göttlichen Quelle sehr verbunden und wissen, warum sie hier sind, wenn das Kronenchakra harmonisch ist. Wenn es unterversorgt oder unausgeglichen ist, fühlen sich die Pferde unterdrückt von dieser materiellen Welt. Angst und Panik sind ihre täglichen Begleiter – bis hin zu Halluzinationen. Die Pferde wirken wie von Sinnen und wissen nicht mehr, was real ist und was nicht. Ein unausgeglichenes Kronenchakra zeigt sich auch durch ein unausgeglichenen, unausbalancierten Körper, ungeklärte Lahmheiten könnten auch ein Hinweis sein, dass das Kronenchakra eine Harmonisierung benötigt.

„Es wird eine Zeit kommen, da die Wissenschaft gewaltige Fortschritte machen wird, nicht etwa, weil dann bessere Instrumente und Werkzeuge zur Verfügung stehen, um Neues zu entdecken und zu vermessen, sondern weil einige Menschen große spirituelle Kräfte zur Verfügung stehen werden, die wir zurzeit noch kaum nutzen. In den nächsten Jahrhunderten wird die Kunst des spirituellen Heilens zunehmend weiterentwickelt und universell genutzt werden.“ – Gustav Stromberg (bekannter Astronom aus Mount Wilson; in: Man, Mind, and the Universe)*

Alles, was wir für Harmonie und Gleichgewicht im Leben brauchen, liegt in uns. Wahres Glück, Liebe und Vertrauen kann nur von innen kommen. In jedem von uns liegt eine Kraft, die uns erlaubt, das Leben überhaupt zu leben. Die wirkliche Kraft liegt nicht in der Materie, sondern auf der unsichtbaren Ebene. Dort, wo unser Verstand keinen Weg mehr findet. Dort, wo wir unser Potenzial entfalten und wir uns selbst näherkommen. Mit dieser Anwendung können wir unser Pferd dabei bei körperlichen, emotionalen und geistigen Dysbalancen unterstützen.

Die Lebensenergien in unserem Körper und auch im Körper deines Pferdes fließen in einer bestimmten Gesetzmäßigkeit. Das bedeutet, dass an der Körpervorderseite die Energie hinunter- und an der Körperrückseite die Energie hinauffließt. Sie bewegt sich innerhalb bestimmter Systeme und verbindet die universelle feinstoffliche Energie mit der aufbauenden und nährenden Lebensenergie innerhalb des Körpers.

Die Haut ist die körperliche sichtbare Grenze zur Umwelt. Damit ist unser Sein und das Sein unserer Pferde aber noch lange nicht zu Ende, denn wir sind mehr als unser Körper. Wir alle besitzen innere Wellen, die auf einer anderen Frequenz als der alltäglichen schwingen und damit für unsere Sinne nicht zu greifen sind. Der Körper wird von einem hochkomplexen Energiesystem am Leben erhalten und genährt. Dieses Energiesystem sind die Chakren und die Aura. Wenn wir als Mensch/Pferd dem Energiesystem nicht im Weg stehen uns es in seiner Arbeit nicht blockieren, kann es dafür sorgen, dass all unsere Teile als perfektes Team zusammenarbeiten. Anpassungen an Organen, Körperteilen und dem Nervensystem können energetisch vorgenommen werden und so sogar Schmerzen und Verspannungen lindern. Diese Übung kannst du täglich anwenden, um die Chakren deines Pferdes zu harmonisieren und das Immunsystem anzukurbeln. Es stärkt die Wirbelsäule und löst destruktive Muster sowie depressive Verstimmungen.

Bei dieser Anwendung geht es darum zu fühlen, den Körper zu erforschen und ihn in seiner Selbstheilung zu stärken.

So funktionierts:

Stelle dich bequem hin, atme tief ein und aus und lass deine Schultern fallen. Komm in dir an.

„Was ist erforderlich, um der größtmögliche Beitrag für mein Pferd zu sein? Ich bin der Kanal und unterstütze mein Pferd, sein Chakrensystem zu harmonisieren, auch wenn ich nicht weiß, wie."

Bitte dein Pferd vorab um Erlaubnis. Du siehst und spürst, wenn ein deutliches „Ja" kommt. Lausche nach innen. Stelle dich neben dein Pferd und berühre es sanft auf den Schultern oder einem anderen Punkt, was sich für dein Pferd und dich angenehm anfühlt. Deine Hand ist so sanft wie ein Schmetterling und du öffnest gleichzeitig dein Herz, auch wenn du nicht weißt, wie – die Intuition hilft dir dabei. Fühle die Liebe in dir und um dich herum und lass Liebe fließen. Spüre, wie die Liebe tief aus deiner Seele kommt und dein Pferd sich sichtlich entspannt.

Wenn dein Pferd keine Reaktion zeigt oder gerade nicht mitmachen möchte, dann versuche es einfach an einem anderen Tag. Es ist wichtig, den Gedanken loszulassen, dass ein Lebewesen immer funktionieren muss. Nein bedeutet nicht, dass etwas falsch ist oder gegen dich gerichtet. Es ist vielmehr der Ausdruck eines Bedürfnisses, das respektiert werden möchte – genau wie du selbst auch das Recht hast, Nein zu sagen, wenn es dir nicht gutgeht. Indem wir diese Haltung einnehmen, schaffen wir Raum für Vertrauen, Verständnis und echte Verbindung.

Gehe nun Schritt für Schritt nach vorn, bleibe bei jedem Punkt stehen, bis du ein Pulsieren/Vibrieren in deinen Fingern spürst. Höre auf die Impulse, die du bekommst, und gehe achtsam voran. Du kannst währenddessen die Farben der einzelnen Chakren visualisieren.

Konzentriere dich auf die Gedanken der Liebe, der Harmonie und des Friedens. Lass deine destruktiven Gedanken fallen.

Zum Schluss bedanke dich bei dir, bei deinem Pferd, bei der wundervollen Energie.

Intuitiv

Du wirst merken, dass du immer feinfühliger und offener für eine Blockade werden wirst. Lass deine Hände sanft über den Körper deines Pferdes schweben und spüre im elektromagnetischen Feld, wo sich eventuell Blockaden befinden. Dein Pferd wird dir eine Anleitung geben. In Regionen, in denen die Energie blockiert ist, fühlt man oft Wärme, Kälte, Kribbeln oder Pulsieren. Bleibe dort mit deinen Händen und lass deine Hände arbeiten. Nach der Behandlung sollten sich diese Felder harmonisch anfühlen. Ist dem nicht so, stelle dir folgende Fragen:

- Könnte der Sattel nicht passen?
- Gab es schon früher Auffälligkeiten in diesem Bereich?
- Gab es Auslöser für Anspannung, Müdigkeit oder Ähnlichem?
- Gab es immer wieder Warnsignale von meinem Pferd?

Wiederhole gegebenenfalls die Behandlung ein paar Tage später. Wird es gar nicht besser, ziehe einen Tierarzt oder Therapeuten hinzu.

Halte es einfach und verkompliziere nicht die Anwendung – Unser Leben ist kompliziert genug. Durch das hektische und gestresste in unserem Leben haben wir generell schon den Blick für das Leben verloren. Halte somit die Behandlung unkompliziert. Lass es natürlich fließen.

Vorab ist es wichtig, dass du die Reaktionen deines Pferdes beobachtest. Die richtige Berührungsstufe versetzt dein Pferd in einen entspannten, losgelösten Zustand. Es teilt dir mit, wann Verspannungen gelöst wurden und ob der Druck ausreicht. Respektiere und halte inne, wenn dein Pferd sich dagegen wehrt. Eventuell benötigt es noch mehr Zeit, sich zu lösen und zu entspannen.

Minimale Reaktionen

- Das Auge blinzelt oder zuckt.
- Die Lippen zucken oder zittern.
- Die Atmung verändert sich.
- Veränderungen in der Hauttemperatur an unterschiedlichen Stellen sind wahrzunehmen.
- Die Ohren sind halb nach hinten gerichtet und nach innen, somit zeigen sie dir, dass sie ihren Körper wahrnehmen, was sich hier verändert.

- Die Atmung verändert sich.
- Muskelzucken (kinetische Energieentladung)
- Dein Pferd seufzt oder atmet tief aus.
- Der Kopf senkt sich.
- Der Gesichtsausdruck wird weicher.

Mittelstarke Reaktionen

- Abkauen und Tiefenentspannung
- Bedürfnis, auf etwas zu kauen
- Schnauben oder Niesen und manchmal auch Grunzen
- Schütteln des Kopfes und des Körpers, „Losschütteln"
- Schwanken und Schaukeln des Pferdekörpers
- Gähnen
- Sichtbarwerden der Nickhaut
- Veränderungen in der Haltung, Streckung der Hinterbeine
- Strecken und Biegen
- Unruhe

Bitte beachte: Jedes Pferd hat seine eigene Persönlichkeit. Manche Tiere reagieren bereitwilliger als andere. Manche sind zurückhaltender. Sie zeigen die Entspannungsreaktionen erst dann, wenn du dich entfernt hast. Es findet fast immer irgendeine Art von Reaktion, oft auch im Verborgenen, statt.

Wunder dich nicht: Manche Pferde müssen sich während einer Behandlung bewegen, um wirklich loszulassen. Sie scharen mit den Hufen, schwanken mit ihrem Körper oder wenden ständig ihre Hinterhand. Das eine normale Reaktion auf die Behandlung.

Andere Pferde wirken auf dich schläfrig, müde und benommen. Auch das ist vollkommen normal. Für die Pferde fühlt es sich innerlich wie eine Achterbahnfahrt an. Sie spüren ein Kribbeln, Wärmeunterschiede, Schwanken, Pulsieren, Zuckungen und/ oder Stechen im Körper. Sie spüren die Veränderung, die sich zeigt. Gib deinem Pferd die nötige Zeit, um sich der Energie hinzugeben. Auch du als Behandler könntest diese Phänomene in deinem Körper spüren. Lass es zu. Achte auf deine Intention, es geht um die Heilung deines Pferdes. Achte darauf, dass du als Kanal reagierst und nicht als Schwamm, der alles aufsaugt. Ein Gefühl der bedingungslosen Liebe kann sich in deinem Körper ausbreiten.

Wurzelchakra steht für die Erdung an sich und um die Wurzeln deines Lebens. Sind sie stark, stabil und gesund, gehst du gut geerdet und voller Selbstvertrauen durchs Leben. Visualisiere, wie es in feurigem rotem Licht erstrahlt. Es ist wie eine strahlende rote Lichtblüte, lass es strömen. Der Griff harmonisiert die Fortpflanzungsorgane und hilft, physische Stabilität aufzubauen. Das Chakra stärkt die Wirbelsäule.

Sakralchakra steht für den schöpferischen Fluss purer Lebensenergie, für die Beziehung zur Lebendigkeit und unsere Leidenschaft für das Leben. Stelle dir eine strahlende orangefarbene Lichtblüte vor. Lass hier eine immer größer werdende Lichtkugel entstehen. Hier werden die Emotionen harmonisiert und Schlafprobleme gelöst. Die Sexualorgane werden stimuliert sowie die Verdauung.

Solarplexus schenkt dem Körper und Geist Lebensenergie. Er steht eng mit der Bauchspeicheldrüse verbunden. Außerdem steuert das Solarplexus wichtige seelische Vorgänge und hängt eng mit dem Selbstwertgefühl und der Willenskraft zusammen. Visualisiere dieses Chakra in sonnigem, warmen Gelb. Nimm beim Einatmen Energie aus dem Kosmos auf, beim Ausatmen lass einen warmen Lichtstrahl in den ganzen Körper fließen. Damit wird die Milzenergie harmonisiert. Die Milz ist das Tor, das Sonnenäther empfängt, der für das gesamte Nervensystem von äußerster Wichtigkeit ist. Diese Stelle ist ein wirklicher Kraftplatz. Auch die Nebenniere wird harmonisiert, die das Stresshormon Adrenalin reguliert und Einfluss auf das Herz-Kreislauf-System nimmt. Auch der Verdauungsprozess wird beeinflusst.

Herzchakra steht für die Liebe, Mitgefühl, Hingabe und Dankbarkeit. Hier im Herzen ist die reine, universelle Liebe unserer Seele zu Hause, die alle Menschen und Ereignisse mit nicht wertender Akzeptanz annimmt. Nimm dort ein grünes Licht wahr, wie eine lichtdurchflutete grüne Frühlingswiese. Dadurch breitet sich das Gefühl von Liebe und Mitgefühl in deiner Herzgegend aus. Mit diesem Schritt helfen wir der Atmung und Lunge. Gleichzeitig harmonisierst du die Thymusdrüse, die eine wesentliche Rolle für das Immunsystem spielt – ein Ozean aus Liebe.

Halschakra steht für deinen Ausdruck, deine Kommunikation und die Geborgenheit im Unendlichen. Visualisiere dieses Chakra in blauem Licht wie der leuchtend blaue Himmel, der sich in glasklarem Wasser spiegelt. Es entsteht ein Gefühl von Klarheit und Freiheit in Hals- und Nackenbereich. Damit wird die Schilddrüse erreicht, die den Stoffwechsel reguliert, und die Nebenschilddrüse, die den Kalziumhaushalt im Blut harmonisiert.

Stirnchakra steht für Intuition, Erkenntnis und höhere Wahrnehmung. Stelle dir die Farbe des dunkelblauen Nachthimmels vor und spüre Ruhe, Stille und Kraft. Durch dieses Halten werden Thalamus, Zirbel- und Hirnanhangsdrüse harmonisiert.

Kronenchakra steht für die Verbindung mit deinem höheren Selbst und dem Göttlichen. Stelle dir eine violette Lichtblüte vor. Dieses kristallklare violette Licht breitet sich im ganzen Körper aus und schenkt deinem Pferd ein Gefühl von Ruhe, Frieden und Gelassenheit. Durch dieses Halten werden Thalamus, Zirbel- und Hirnanhangsdrüse harmonisiert.

Fühle, was sich unter deinen Fingern bewegt. Es ist für mich essenziell, dass du spürst und wahrnimmst, was sich unter deinen Händen bewegt und was du fühlst. Lass deine Erwartungen los, berühre die einzelnen Bereiche und spüre, was dir der Bereich unter deinen Händen sagen möchte. Werde still – und lausche. Fokussiere dich auf jedes einzelne Chakra und nimm wahr, was es dir mitteilen möchte.

- Welche Bilder, Gefühle, Gedanken, Gerüche oder Worte kommen dir in den Sinn beim Spüren der einzelnen Chakren?
- Welche Emotionen sind dort verfestigt?
- Welche Farbe hat das Chakra?
- Kommt es dir langsam vor, schnell, voll mit Überenergie oder Unterenergie?
- Sind beide Seiten des Chakras harmonisch? Oder weicht die linke von der rechten Seite ab?
- Können beide Seiten, also oben und unten, gleich stark strahlen?

Bei dieser Arbeit ist es wichtig, dass du dich nicht vergleichst, denn jeder hat eine andere Wahrnehmung. Jede Person hat mit den geistigen Bildern oder Worten, die sie empfängt, eine andere Assoziation. Keine Heilbehandlung gleicht der anderen und sollte daher auch nicht verglichen werden. Jeder Tag bringt neue Energien und Ereignisse mit sich. Du wirst spüren, dass sich deine Sinne verschärfen, verfeinern und du deine Wahrnehmungen schneller empfängst, je mehr du übst. Die Chakren sind komplexe Systeme, sind vielfältig und einzigartig, sodass es Tage dauern würde, jedes einzelne Chakra aus allen Perspektiven zu betrachten.

Meine Erfahrung zeigt mir, dass genau die Themen, die sich lösen möchten oder gelöst werden sollten, bei dieser Heilbehandlung erscheinen. Das kann also auch bedeuten, dass du an einem Tag ein Thema im Solarplexus wahrnimmst und an einem anderen Tag im Stirnchakra. Dies ist einfach nur ein Ausschnitt deiner innerlichen Wahrheit.

Stelle dir vor, du würdest alle Themen auf einmal auflösen –
das würde dein körperliches und mentales System total überfordern.

Wahrnehmung der Chakren

Nimmst du ein Chakra in Form einer Blüte wahr, beachte, ob
die Blütenblätter geöffnet oder geschlossen sind. Sind einige
Blätter geschlossen, kann dies ein Anzeichen dafür sein, dass
das Chakra eine Blockade hat. Sind die Blütenblätter zur Gänze
geschlossen, ist dies eine generelle Blockade des Chakras.

Hast du eine blühende Fantasie und sprichst selbst gern in Bildern, dann kann es sein, dass du Bilder wahrnimmst, die dir
zeigen, welche Themen hinter einer Blockade stecken. Dies kann
sich zeigen, dass du dein Pferd einsam in einer Ecke sitzen siehst,
es Kummer hat wegen eines Freundes oder du es freudvoll in
der Gegend hüpfen siehst.

Fühlst du, dass das Chakra verschoben ist, also dass es viel weiter
auf der rechten oder auf der linken Seite liegt, kann dies ein Anzeichen dafür sein, dass bei diesem Chakra ein Trauma vorliegt.

Wie schon erwähnt, sollten die Chakren miteinander arbeiten
und eine Einheit bilden. Die jeweiligen Themen, die die Chakren
verkörpern, sind nicht harmonisch zueinander. Ist die Verbindung von Herz- und Halschakra unterbrochen, dann kann das
Pferd nicht über Themen/Blockaden sprechen, was sein Herz
betrifft (eventuell ist der Schmerz zu groß, die Angst davor, den
Schmerz wieder zu erleben, ist zu groß). Hier benötigt es viel
Feingefühl und Geduld, dass sich dies lösen kann. Step by Step.

Du hast zuvor die Farben der verschiedenen Chakren aufgelistet, dennoch kann es vorkommen, dass ein Chakra eine andere Farbe zeigt. Das ist nicht unbedingt ein Grund zur Sorge, sondern vielmehr eine Gelegenheit, genauer hinzuschauen. Frage nach, warum das Chakra eine andere Farbe hat. Eine Farbveränderung kann ein Hinweis auf eine Anomalie innerhalb dieses Chakras sein – vielleicht blockiert etwas den Energiefluss oder es gibt eine Überaktivität. Aber genauso gut kann es den aktuellen Gemütszustand oder eine vorübergehende Veränderung in der inneren Balance widerspiegeln. Farben sind Ausdruck von Schwingungen, und jede Veränderung bringt eine Botschaft, die es liebevoll zu erkunden gilt.

- Rot: Wut, Aggression
- Orange: Sexualität, Freude
- Gelb: Lebensfreude, Sonnenenergie, mentale Blockade, bringt Licht in dunkle, destruktive Gedanken und Glaubenssätze
- Grün: Heilungsprozess
- Rosa: Liebe
- Blau: unterkühlt, Kommunikationsthema -> Was möchte dir das Pferd sagen?
- Schwarz: Fremdenergie, massive Blockade
- Grau: getrübt, traurig
- Violett: Vergebung, Transformationsprozess

Meine damalige Stute Anastazya hatte wiederkehrende Rosseprobleme. Es fühlte sich so an, als hätte sie Schmerzen in der Rosse. Kein Tierarzt konnte ihr helfen, nichts linderte ihre Symptome. Die Rosse kam unregelmäßig und dann mit viel Power. Sie quietschte ständig, und es hörte sich an, als würde sie ein Leidenslied singen.

Als ich tiefer in die Energiearbeit einstieg und mit der Cranio-Sacral-Therapie sah ich, dass Sexualchakra und Wurzelchakra nicht miteinander verbunden waren. Sie bildeten keine Einheit.

Ich ging tiefer in die Thematik und sah deutlich Bilder, wie sie angehängt vor mehreren Menschen, vorwiegend Männern, in einer Art Kuhstand stand. Sie hatte Panik, ihre Atmung ging schnell, und ihr Puls raste. Sie wusste nicht, wie sie entkommen konnte. Ein beklemmendes Gefühl spürte ich. Ein Hengst kam in den Raum, voller Energie, paarungswillig. Die Angst wuchs in ihr, sie zog sich innerlich wie äußerlich zusammen.

Sie wollte entkommen, doch sie wusste keinen Ausweg. Der Hengst sprang auf (Sexualchakra). Sie gab mir unmissverständlich zu verstehen, dass es für sie ein Missbrauch war. Ihr Vertrauen war dadurch gebrochen (Wurzelchakra). Das Vertrauen in Menschen, das Vertrauen in sich, sich selbst zu retten, und das Vertrauen generell in dieses Leben war erloschen. Sie hat sich selbst abgekapselt von diesem Thema und somit die Energieversorgung in diesen beiden Chakren unterbunden. Einige Heilbehandlung später – wie Innerliche-Kind-Heilung, Yin/Yang-Harmonisierung (weibliche/männliche Energie) – konnte sie sich langsam wieder für das Leben und ihr Umfeld öffnen.

Solche Geschichten sind leider keine Seltenheit, sondern kommen oft vor.

Die frühere Besitzerin und Züchterin von Anastazya hat mir diese Erfahrung von ihr nach Jahren bestätigt und bat um Verzeihung bei Anastazya. Anastazya war eine bildhübsche Stute mit einem unglaublichen Wesen und Exterieur und sie wollten unbedingt Nachwuchs von ihr. Doch dies klappte nicht, und daher haben sie es auf diesen Weg probiert.

Zu einem späteren Zeitpunkt in Anastazyas und meinem Leben zeigte sie mir, warum sie damals keine Fohlen zur Welt bringen wollte.

Als Anastazya noch ein Fötus war, hatte ihre Mutter noch ein Fohlen an ihrer Seite. Einen jungen, wunderschönen Hengst, der leider plötzlich aus heiterem Himmel verstarb. Niemand wusste, wieso, und die Stute, die Mutter von Anastazya, trauerte sehr stark um ihren Sohn. Nach einigen Jahren stellte man fest, dass dies ein Gendefekt war. Dadurch, dass Mutter und Vater die glei-

chen Chromosomen in ihrer DNA hatten, löste dies beim Unge-
borenen einen Gendefekt aus. Er hatte keine Überlebenschance.

Diese tiefe Trauer und diesen Schmerz spürte Anastazya als
Fötus im Mutterleib. Sie wollte daher keine Fohlen bekommen,
denn sie wollte diesen Schmerz nie mehr spüren müssen.

Du siehst, Traumata können in allen Bereichen entstehen. Die
Züchterin bestätigte mir diese Geschichte, auch sie selbst hat
diesen Verlust noch nicht überwunden.Die Züchterin gab ihr
die Schuld, dass das Fohlen verstorben ist.

Farben für die Harmonisierung

Die Wirkung der Farbe ROT

Die Farbe Rot steht sowohl für Aktivität und Bewegung als auch
für Aggression und Sünde. Sie ist wohl eine der auffälligsten
Farben. Sie ist die erste Farbe, die von Säuglingen erkannt wird.
Auch kann sie am besten von anderen Farben unterschieden
werden, da sie sofort ins Auge springt.

Eigenschaften der Farbe
Rot wirkt belebend und aktivierend. Sie fördert die Durchblutung
und regt Herz und Kreislauf an. Sie wirkt wärmend, stärkend
und anregend. Die Lebenslust wird geweckt, Verspannungen
werden gelöst.

Aber Achtung: Zu viel Rot macht aggressiv und regt auf!

Rot kann schwachen, müden Pferden zu mehr Energie verhelfen.
Rot kann unsicheren Pferden zu mehr Selbstvertrauen verhelfen
und lustlose Pferde motivieren.

Hier ist Rot zu vermeiden

Bei jeglichen Entzündungen und Fieber solltet ihr diese Farbe vermeiden. Auch wenn euer Pferd aggressiv wirkt oder sehr nervös ist, überprüft seine Umgebung auf Rottöne und entfernt diese, wenn möglich.

Rot und das Wurzelchakra

Rot ist die Farbe des Wurzelchakras. Dieses befindet sich beim Pferd am Ansatz der Schweifrübe. Stress, Angst, mangelnde Lebensenergie, aber auch Phobien können auf ein blockiertes Wurzelchakra hinweisen. Beine und Füße, Verdauung sowie Drüsenfunktion der Nebennieren spricht man dem Wurzelchakra zu. Auch ist es für die Erdung des Pferdes verantwortlich. Man sagt, wenn das Pferd eine schwierige, belastende Kindheit hatte, hat es Schwierigkeiten damit, sich mit unserer Welt ausreichend zu verwurzeln. Auch wenn es sich langsam von der Erde löst und sein Dasein dem Ende zugeht, zieht es die Wurzeln ins Wurzelchakra zurück. Das Wurzelchakra kann mit Rot gestärkt und unterstützt werden.

Die Wirkung der Farbe GRÜN

Grün ist lau, Blaugrün dagegen eher kalt, Gelbgrün zählt mehr zu den warmen Farben. Grün ergibt sich aus der Mischung von Blau und Gelb und ist die Komplementärfarbe zu Rot. Dies bedeutet, dass sich die Wirkungen von Rot und Grün gegenseitig abschwächen oder aufheben können. Sekundärfarbe deshalb, weil sie eine Mischung aus (wie oben erwähnt) Blau und Gelb ist. Grün steht für das Leben und die Natur. Die Farbe steht für Hoffnung ebenso wie für den Ausgleich, gegensätzlich aber auch für Eifersucht und Gift.

Eigenschaften von Grün

Grün gibt Sicherheit, wirkt entgiftend und ausgleichend. Ist man aus dem Gleichgewicht, kann Grün harmonisierend wirken. Es wirkt entgiftend und kann den Stoffwechsel regulieren. Außerdem verhilft es zu einem besseren Schlaf und wirkt stabilisierend bei Krankheit. Bei Entgiftungskuren kann Grün unterstützend wirken. Ist das Pferd gestresst, wirkt Grün harmonisierend und ausgleichend. Auch bei Schockerlebnissen kann Grün hilfreich sein.

Grün und das Herzchakra

Grün ist die Farbe des Herzchakras. Dieses befindet sich beim Pferd auf Herzhöhe. Verbitterung, Einsamkeit und Atembeschwerden können auf ein blockiertes Herzchakra hinweisen. Lunge, Herz, Bronchien und Blutkreislauf werden dem Herzchakra zugeschrieben. Auch steht es für die Thymusdrüse und damit verbunden für das Immunsystem. Ein Spaziergang im Wald oder auf Wiesen, fernab von Straßen und Verkehr, kann hier sehr wohltuend wirken.

Die Wirkung der Farbe VIOLETT

Die kalte Farbe Violett hat eine Wellenlänge von 450–396 nm. Die Komplementärfarbe ist Gelb (Komplementärfarben können sich gegenseitig in ihrer Wirkung beeinflussen und sogar aufheben). Das dunkle Lila ist zwiespältig. Die Farbe steht zwischen Aktivität und Passivität, zwischen Hell und Dunkel, und ist somit die Farbe des Übergangs. Was auch erklärt, warum das Kronenchakra violett ist.

Wissenswertes über Violett

Das dunkle Lila steht für das Übersinnliche. Zauberer und Hexen werden oft in violetten Kleidern dargestellt. Auch ist das Kronenchakra, das für die Verbindung vom Irdischen zum Überirdischen steht, violett. Diese ist eine Sekundärfarbe, eine Mischung aus Blau und Rot. Das dunkle Lila wirkt regenerierend und zügelt den Appetit. Es wirkt beruhigend auf das Nervensystem und kann gegen Stress helfen. Außerdem kann es die Konzentration steigern und gleichzeitig bei geistiger Überanstrengung helfen. Die Farbe kann unterstützend bei Entgiftungen eingesetzt werden. Ebenso kann sie Diäten unterstützen und gegen Unsicherheit und Schüchternheit stärkend wirken.

Hier ist die Farbe zu vermeiden

Nicht eingesetzt bzw. vermieden werden sollte die Farbe Violett, wenn das Tier Aggressionen zeigt oder an Überaktivität leidet. Untergewichtige Pferde sollte man nicht mit dieser Farbe konfrontieren, da sie den Appetit zügelt. Auch bei nervösen Pferden sollte sie vermieden werden.

Violett und das Kronenchakra

Das Kronenchakra befindet sich beim Pferd über dem Kopf und zeigt nach oben. Unzufriedenheit, Immunschwäche und geistige Erschöpfung, können ebenso auf eine Blockade im Kronenchakra hindeuten wie Schlafstörungen und ein Gefühl der Leere. Das Kronenchakra hat eine schützende Wirkung auf alle Organe. Die Zirbeldrüse wird dem Kronenchakra zugeschrieben. Unterstützen kann man das Kronenchakra mit dem dunklen Lila, oder auch zum Beispiel mit Blick auf den weiten Horizont.

Die Wirkungen der Farbe INDIGO

Indigo ist die „Beruhigungspille" unter den Farben. Türkis zum Beispiel verbessert die Kommunikation zwischen Pferd und Mensch. Indigo ist ein sehr dunkles Blau, das manchmal schon ins Grau oder Schwarz übergeht. Seinen Namen hat es von einer Färberpflanze namens Indigos. Es ist eine kalte Farbe, die Komplementärfarbe ist orange (Komplementärfarben können sich gegenseitig in ihrer Wirkung beeinflussen oder sogar aufheben). Das dunkle Blau bringt man mit Melancholie, Entspannung und Müdigkeit in Verbindung. Außerdem steht es für Weisheit und Besonnenheit. Außerdem kann es blutreinigend und schmerzstillend wirken. Bei Schmerzzuständen, Schwellungen, aber auch Blutergüssen und Abszessen kann Indigo lindernd wirken. Außerdem wirkt es auf die Atmung beruhigend und fördert die Wahrnehmung. ACHTUNG: Zu viel Indigo kann zu Depressionen führen!

Indigo und das Stirnchakra

Das Stirnchakra liegt beim Pferd etwa eine Handbreit über den Augen, mittig auf der Stirn. Kopfschmerzen, Migräne sowie Nebenhöhlenentzündungen können auf Blockaden im Stirnchakra hinweisen. Augen, Ohren und Nase sowie das Gehirn und die Hypophyse werden dem Stirnchakra zugeschrieben. Das Stirnchakra kann mit dunklem Blau unterstützt werden. Blockaden können zum Beispiel auch mit der Bachblüte Crab Apple gelöst werden.

Die Wirkung der Farbe BLAU

Blau (Primärfarbe) zählt zu den kalten Farben. Ihre Komplementärfarbe ist orange (Komplementärfarben können sich in ihrer Wirkung beeinflussen bzw. aufheben). Blau steht für Frische, Himmel und Güte ebenso wie für Kälte, Passivität und Wasser. Am besten aber beschreibt Blau die Unendlichkeit, da es Wasser und Himmel in sich vereint und man gerne mal in den unendlichen Weiten des Blaus versinkt und sich gedanklich verliert. Die Farbe wirkt schmerzstillend, beruhigend und entspannend. Sie fördert sowohl die Konzentration als auch den Schlaf. Auch hat sie entzündungshemmende und kühlende Eigenschaften. Blau kann bei Ängsten unterstützend eingesetzt werden. Blau kann aggressiven Tieren zu mehr Harmonie verhelfen. Es kann bei Entzündungen oder Schmerzen lindernd eingesetzt werden. Ängstliche und nervöse Pferde werden beruhigt und entspannt.

Hier ist Blau zu vermeiden

Tieren, die zu Depressionen neigen oder sehr niedergeschlagen wirken, kann Blau schaden. Diese Eigenschaften werden eventuell noch verstärkt, was unbedingt zu vermeiden ist. Auch bei Durchblutungsstörungen darf Blau nicht eingesetzt werden.

Blau und das Halschakra

Das Halschakra liegt beim Menschen auf Höhe des Kehlkopfes, beim Pferd etwa in der Mitte des Halses. Hemmungen und Schüchternheit können auf eine Blockade des Halschakras hindeuten, ebenso wie Entzündungen der oberen Atemwege und des Rachenraumes. Die Atmung, die Stimme, die Halswirbelsäule sowie die Ohren und die Schilddrüse werden dem Halschakra zugeschrieben. Das Halschakra kann mit Blau unterstützt werden. Ausgedehnte Spaziergänge am Meer oder an einem See können ebenfalls guttun und Blockaden lösen.

Die Wirkung der Farbe ORANGE

Die Farbe will auffallen, ist extravagant und will provozieren. Auffällige Möbelstücke, die mitunter wandelbar sind, werden dieser Farbe zugeschrieben. Gewagter Modeschmuck, der auf sich aufmerksam macht, ebenso. Orange ist eine warme, fröhliche Farbe. Orange ist eine Mischung aus Rot und Gelb. Ihre Komplementärfarbe ist Blau. Orange zählt zu den warmen Farben und steht für Sonne und Mitgefühl, kann aber auch als billig oder auffallend gewertet werden. Obwohl die Farbe eigentlich modern und frisch ist, wird sie selten in Form von Kleidungsstücken getragen. Trotz ihres sonnigen Gemüts ist sie relativ unbeliebt. Diese Farbe wirkt anregend und wärmend, steigert die Konzentrationsfähigkeit und gibt Kraft. Orange wirkt Erschöpfung und Müdigkeit entgegen, wirkt gleichzeitig aber entkrampfend und entspannend. Tiere, die an Schwächezuständen leiden, kann man mit dieser Farbe unterstützen. Orange steigert die Unternehmungslust und kann bei Verspannungen unterstützend eingesetzt werden. Auch bei Depressionen kann diese Farbe helfen.

Hier ist die Farbe zu vermeiden

Sie sollte nicht bei übergewichtigen Tieren verwendet werden. Bei Unruhe und körperlich überanstrengten, ausgelaugten Tieren sollte Orange ebenso vermieden werden.

Orange und das Sakralchakra

Das Sakral- oder Sexualchakra liegt beim Pferd etwa auf Höhe der Kruppe. Nierenerkrankungen oder Schmerzen im Lendenbereich oder Stimmungsschwankungen können auf eine Blockade des Sakralchakras hinweisen. Geschlechtsorgane, Nieren, Lymphfluss und Lendenwirbelsäule werden dem Sakralchakra zugeschrieben. Das Sakralchakra kann mit Orange oder zum Beispiel mit Brennnesseln unterstützt werden. Viel Trinken oder generell Kontakt zu Wasser wirkt ebenso unterstützend.

Die Wirkung der Farbe ROSA

Rosa ist Rot in abgeschwächter Form, abgemischt mit Weiß. Es ist also nicht so impulsiv wie Rot, behält aber die wärmende Energie. Rot ist übrigens eine männliche Farbe. Bis ins 19. Jahrhundert waren Rot und Rosa die typischen Farben der Kleidung für männliche Babys und Kinder – resultierend daraus, dass Rot die männliche Farbe schlechthin ist. Auch Steine werden den Farben zugeordnet. Der Rosenquarz reguliert den Herzrhythmus, stärkt die Blutgefäße und aktiviert die Sexualität. Der Rosenquarz wirkt Kopfschmerzen und Schlafstörungen entgegen. Außerdem unterstützt er bei Gefühlskälte, Liebeskummer, Heimweh und diversen Ängsten. Der Rosenquarz fördert die Eigenverantwortung, die innere Ruhe und das harmonische Zusammenleben. Eine Meridian-Massage mit Rosenquarz wäre für Pferde zu empfehlen. Rosa steht für Herzenswärme und Optimismus. Es strebt Harmonie an, hat Mitgefühl und ist optimistisch. Es ist eine von Grund auf fröhliche Farbe, die aber auch das Unrealistische darstellen kann. Diese Farbe fördert Liebe und Harmonie, gibt Stabilität und besänftigt. Ich habe vor nicht allzu langer Zeit gehört: „mit in Rosa gekleideten Menschen kann man nicht strei-ten". Wenn Rot mit seinen Eigenschaften zu stark wirkt für das Tier, kann auf das abgeschwächte Rosa zurückgegriffen werden. Fehlt es einem Tier an Herzenswärme, kann es diese Eigenschaft fördern und hervorbringen. Hat das Tier etwas Traumatisches erlebt, kann Rosa helfen. Wird mehr Energie und Lebensfreude benötigt, kann ebenfalls diese Farbe eingesetzt werden.

Rosa und das Herzchakra

Zwar ist das Herzchakra grün, steht aber für Herz, Liebe und Mitgefühl. All das, was das helle Rot fördert. Dieses Chakra kann also auch mit dieser Farbe stimuliert und reguliert werden. Lieblosigkeit, Kontaktschwierigkeiten oder Herzrhythmusstö-rungen deuten auf ein blockiertes Herzchakra hin. Blockaden können mit Grün, Rosa oder zum Beispiel auch Wanderungen in der Natur aufgelöst werden.

Die Wirkung der Farbe GELB

Gelb ist die Farbe der Lebensfreude, der Leichtigkeit und des Lichtes, aber auch die Farbe des Neids, der Eifersucht und des Gifts. Gelb ist einerseits sehr auffällig, was es beliebt macht, es ist aber auch sehr instabil in seinem Charakter, da es schnell an Bedeutung verliert, wenn es mit anderen Farben gemischt wird. Je nach Mischung kann Gelb dann entweder warm oder sehr kühl und unfreundlich wirken. Es kann hilfreich sein bei Kontaktschwierigkeiten, es steigert sowohl die Lern- als auch die Kommunikationsfähigkeit. Motivation wird gesteigert, es belebt und wärmt. Aber Achtung: Zu viel Gelb kann in den Wahnsinn treiben oder zu Gereiztheit führen. Sie kann unsiche-ren Tieren dabei helfen, Hemmungen abzubauen. Sind Pferde schlecht motivierbar oder träge im Lernprozess, kann die Farbe Motivation und Lernfähigkeit steigern (die Dual-Gassen-Far-ben sind also sehr klug gewählt). Müde Pferde können durch Gelb aktiver werden.

Hier ist die Farbe zu vermeiden

Achtung: Neigt das Pferd bereits dazu, übereifrig mitzuarbeiten (Stichwort: Clickerpony), kann die Farbe Gelb Schaden anrichten.

Gelb und das Nabelchakra

Die Farbe des Nabelchakras (Solarplexus-Chakra) ist Gelb. Dieses Chakra befindet sich in etwa in der Körpermitte. Übertriebener Ehrgeiz, wenig Lebensenergie oder Unsicherheit können auf Blockaden des Nabelchakras hinweisen. Magen und Leber, aber auch Dünndarm werden dem Solarplexuschakra zugesprochen. Das Nabelchakra kann mit Gelb unterstützt werden. Hier sind auch kurze Sonnenbäder hilfreich.

Die Wirkung der Farbe TÜRKIS

Türkis ist eine sehr kalte Farbe und verfügt über eine Wellenlänge von 490–500 nm. Eis, Kälte und Klarheit sind Worte, die diese Farbe beschreiben, steht aber auch für Kommunikation und Wahrheit. Türkis ist eine Mischung aus Blauviolett und Grün und ist in vielen Farbabstufungen vorhanden. Türkis steigert den Tatendrang und bringt Verstand und Gefühle in Einklang. Außerdem stärkt es das Immunsystem und kann Blockaden lösen. Soll die Kommunikationsfähigkeit gesteigert werden, greift man ebenfalls zu Türkis. Will man die Kommunikation zwischen Menschen und Pferd verbessern, kann dies durch diese Farbe unterstützt werden. Zur Stärkung des Immunsystems oder bei Nervosität hilft sie ebenso. Hat das Pferd vergangene Erlebnisse zu verarbeiten, kann man es mit Türkis dabei unterstützen.

Hier ist diese Farbe zu vermeiden

Leidet das Pferd unter fehlendem Lebenswillen, darf Türkis nicht eingesetzt werden. Es besteht die Gefahr, dass dieser Zustand damit verschlechtert und die Distanz zum Leben vergrößert wird.

Türkis und das Halschakra

Das Halschakra liegt beim Pferd etwa mittig am Hals. Kommunikationsschwierigkeiten oder die Unfähigkeit, Gedanken in Worte zu fassen, Hemmungen und Schüchternheit können auf eine Blockade des Halschakras hindeuten. Hals, Nacken, Schultern, Atmung und Schilddrüse werden dem Halschakra zugeschrieben. Unterstützt werden kann dieses Chakra mit den Farben Blau oder Türkis. Auch ist Urlaub oder ein Spaziergang am Meer oder an sonstigen blau leuchtenden Gewässern hilfreich.

Farben wirken ganzheitlich auf Körper, Geist und Seele. Du siehst, dass sie verschiedene Auswirkungen auf unseren Körper haben können und somit auch unsere Gesundheit und Vitalität fördern können. Währenddessen du dein Pferd behandelst, kannst du auch mit den jeweiligen Farben arbeiten. Visualisiere die Farben auf gewisse Stellen im Pferdekörper oder lass sie durch den gesamten Körper deines Pferdes fließen. Werde kreativ und erlaube dir, die richtige Farbe zu empfangen, um dein Pferd noch mehr in seinem Sein zu unterstützen. Natürlich könntest du die Farben auch über eine Farblichtlampe den Körper bestrahlen.

Unter anderem könntest du auch über deine Kleidung oder Accessoires diese Farbe in das Leben deines Pferdes bringen. Du wirst bemerken, dass du automatisch die Farben vermehrt in deinem Schrank oder auch bei den Accessoires deines Pferdes findest, die es gerade benötigt.

Wirbelsäulenaufrichtung

Der Nacken wird frei, dein Pferd kann einfach loslassen und sich der universellen Führung hingeben.

Diese Punkte befinden sich im Nackenbereich, links und rechts neben der Halswirbelsäule, und auch auf dem Steißbein. Verbleibe dort mit deinen Händen und spüre, wie die Energie unter deinen Händen pulsiert. Ist dein Pferd zu groß, um beide Punkte zu halten, „halbiere" die Wirbelsäule und halte die eine Hand in der Mitte der Wirbelsäule. Kehrt „Stille" in den Körper deines Pferdes ein, wanderst du mit deinen Händen weiter, bis du die komplette Wirbelsäule deines Pferdes harmonisiert hast.

> *„Nicht mein Wille, sondern dein Wille geschehe."* – universelle Führung

Diese Punkte stellen die Anbindung an die universelle Quelle dar, das Loslassen von Vergangenheit, Gegenwart und Zukunft, um in vollem Vertrauen bedingungslose kosmische Liebe zu sein. Der Nacken ist die schmale Verbindung, durch die alle Energieströme zum Kopf auf- und vom Kopf absteigen. Unter anderem ist dort auch der Punkt der geistigen Verbindung. Kann an diesem Punkt die Energie fließen, bleibt dein Pferd klar, geschmeidig und weich.

„Die Angst sitzt im Nacken." Das ist eines von vielen Sprichwörtern, die früher gesagt worden sind, und genauso ist es auch. In der Wirbelsäule können sich all die aufgestauten Energien und Emotionen, die dein Pferd nicht ausgelebt hat, aufstauen. Die Muskeln um die Wirbelsäule verspannen sich und die Wirbelsäule krümmt sich vor dem Leben. Der Hals deines Pferdes wird starr oder es will sprichwörtlich mit dem Kopf durch die Wand.

Anwendungsmöglichkeiten:

- Löst alle emotionalen Spannungen.
- Hilft dabei, Demut zu entwickeln.
- Hilft bei Schmerzen im Nacken, bei Bandscheibenbeschwerden im Halswirbelbereich und bei Schleudertrauma.
- Kopfschmerzen, Nervenschmerzen im Gesicht und Gesichtslähmungen werden gelindert.
- Die Verdauung wird angeregt und Leber, Gallenblase und Blase werden harmonisiert.
- Löst angestaute und emotionale Energie entlang der Wirbelsäule.

Wenn der Körper Nein sagt

Pferde sind äußerst sensible Wesen, deren körperliche Gesundheit stark von ihrem seelischen Wohlbefinden beeinflusst wird. Stress, Angst oder emotionale Belastungen können sich in Form von psychosomatischen Beschwerden äußern oder bestehende Erkrankungen verstärken. Hier sind die möglichen seelischen Ursachen hinter bestimmten Krankheiten:

Arthrose – Festhalten an Altem, mangelnde Flexibilität

Arthrose steht symbolisch für Erstarrung und Widerstand gegen Veränderung. Ein Pferd mit Arthrose hält oft an alten Bewegungsmustern fest oder wird von äußeren Zwängen daran gehindert, sich frei zu entfalten.

- **Seelische Ursachen:**
  - Angst vor Veränderung oder Unterdrückung des eigenen Ausdrucks
  - Zu starke Kontrolle durch den Menschen -> das Pferd kann nicht seinen natürlichen Bewegungsdrang leben
  - Unbewusste Verhärtung aufgrund von Überlastung oder Leistungsdruck

Gastritis – Unverdaute Emotionen, Stress, unterdrückte Aggression

Der Magen ist das Zentrum der Verarbeitung – nicht nur von Nahrung, sondern auch von Emotionen. Pferde mit Gastritis tragen oft unverarbeitete seelische Belastungen in sich.

- **Seelische Ursachen:**
  - Stress durch Unsicherheit, wechselnde Umgebungen oder soziale Instabilität
  - Unterdrückte Wut oder Frustration -> das Pferd „frisst" seine Emotionen in sich hinein
  - Ständige Anpassung an fremde Erwartungen ohne eigenen Ausdruck

Dickdarmstörungen – Unfähigkeit, Belastendes loszulassen

Der Dickdarm steht symbolisch für das Loslassen. Probleme in diesem Bereich weisen darauf hin, dass das Pferd emotionale Themen nicht verarbeiten oder loslassen kann.

- **Seelische Ursachen:**
  - Anhaltender Stress, der nicht „verdaut" werden kann
  - Ein Pferd, das sich nicht frei entfalten darf oder sich fremdbestimmt fühlt
  - Nervosität und emotionale Unsicherheit, die den gesamten Organismus belasten

Herzschwäche – Mangel an Freude, seelische Erschöpfung

Das Herz ist das Zentrum der Lebensenergie. Eine Herzschwäche symbolisiert oft einen Mangel an Lebensfreude oder emotionale Erschöpfung.

- **Seelische Ursachen:**
  - Langanhaltende Trauer oder Verlust eines Herdenmitglieds
  - Pferde, die nie „ihrem Herzen folgen" dürfen, sondern ständig funktionieren müssen
  - Dauerhafte Unterdrückung von natürlichen Bedürfnissen oder sozialen Kontakten

Asthma – Eingeschränkte Freiheit, unterdrückte Emotionen

Die Lunge steht für den Atem des Lebens und Freiheit. Atemprobleme deuten oft darauf hin, dass das Pferd sich nicht frei entfalten kann.

- **Seelische Ursachen:**
  - Gefühl von Enge und Kontrolle -> das Pferd kann nicht „frei atmen"
  - Unterdrückte Emotionen oder Ängste, die sich über die Lunge entladen
  - Überforderung und ständige Anspannung -> das Pferd kann nicht loslassen

COBD (Chronisch Obstruktive Bronchitis) – Ersticken an ungelösten Themen

COBD ist eine chronische Atemwegserkrankung, die sich durch dauerhafte Belastung verstärken kann.

- **Seelische Ursachen:**
  - Ständiger Druck und Überforderung -> das Pferd fühlt sich erdrückt
  - Unverarbeitete Konflikte, die buchstäblich „die Luft abschnüren"
  - Fehlende frische Impulse -> das Pferd erstickt an Routine oder mangelnder Inspiration

Hufrehe – Überlastung, fehlende Verwurzelung

Die Hufe symbolisieren Stabilität und Verbindung zur Erde. Hufrehe zeigt oft, dass das Pferd in seiner Lebenssituation überfordert oder nicht richtig verwurzelt ist.

- **Seelische Ursachen:**
  - Ständiger Stress und Überlastung -> das Pferd steht „unter Druck"
  - Fehlende innere Sicherheit oder Bindung zum Menschen oder zur Herde
  - Mangelnde Selbstbestimmung -> das Pferd hat keinen festen Stand im Leben

Hautprobleme (Ekzeme) – Abgrenzungsprobleme, seelischer Druck

Die Haut ist das größte Organ und steht symbolisch für den Kontakt zur Außenwelt. Ekzeme oder Juckreiz weisen oft darauf hin, dass das Pferd sich nicht wohlfühlt oder sich gegen äußere Einflüsse schützen muss.

- **Seelische Ursachen:**
  - Ein Pferd, das sich in seiner Umgebung nicht sicher oder wohlfühlt
  - Überforderung durch Reize oder soziale Konflikte in der Herde
  - Unterdrückte Emotionen -> das Pferd „zeigt" über die Haut, was innerlich verborgen bleibt

Fühle den Rhythmus

Fühle, was sich unter deinen Fingern bewegt. Es ist für mich essenziell, dass du spürst und wahrnimmst, was sich unter deinen Händen bewegt – und was du fühlst. Lass deine Erwartungen los, berühre die einzelnen Bereiche und spüre, was dir der Bereich unter deinen Händen sagen möchte. Werde still und lausche.

- Was will mir dieser Bereich sagen?
- Benötigt dieser Bereich irgendetwas?
- Fühlt es sich voll oder leer an?
- Fühlst du Emotionen wie Trauer, Zorn, Erschöpfung, Verwirrung?
- Fühlt es sich gesund oder krank an?

Werde still. -> Warte, bis dein Staub sich gesetzt hat und deine Luft klar geworden ist. Warte auf tiefe Stille und dann beginne.

Atme. Setze deine Aufmerksamkeit ins Hier und Jetzt. -> Je mehr du deine Aufmerksamkeit auf das Hier und Jetzt konzentrierst, desto mehr verlangsamt sich dein Zeitgefühl und desto größer erscheint dir die Bewegung. Nehme mit deinem inneren Auge wahr und deinem inneren Ohr.

Präsenz ist wichtiger als Technik. -> Am Anfang will man immer möglichst viele Techniken erlernen. Wer wahre Meisterschaft erreicht, benötigt nur noch eine Technik. Es ist erstaunlich, wie wenig es braucht, um vieles zu bewirken.

Keep it simple. -> Einfach, unkompliziert, fließen lassen. Lass die Hektik und das Chaos vom Alltag los und lass es fließen.

Kopf aus. Fühlen an. -> Falls dich der Kopf bittet, nichts zu tun, tue nichts. Du kannst nie zu tief gehen, nur zu schnell, also gehe es langsam an.

Tu deine Arbeit, dann trete zurück -> Erwarte nichts, zieh dich zurück – und erwarte keine Dankbarkeit.

Sorge für eine entspannte Umgebung. Die alten Meister sagen: Wenn du in ein Glas trübes Wasser schaust, kannst du den Boden nicht sehen. Warte, bis der Schmutz sich gesetzt hat, und du wirst klar durch das Wasser sehen können.

Denke daran, du kannst den Wind niemals ändern, aber du kannst die Segel verändern. Du als Therapeut kannst nichts ändern. Es verändert sich. Gib der Veränderung den Raum, den es benötigt, und weich einen Schritt zurück.

Versuche, deine Meinung nicht vorzufertigen. Es passiert immer das, was passieren soll. Vertraue und unterstütze den Prozess. Wenn du enttäuscht bist, weil du nichts bewirkt hast, bist du ungeduldig und willst etwas erzwingen. Lass alle Erwartungen los, und löse dich von jeglichen Endergebnissen. Ich habe mein Bestes gegeben, und das ist gut so.

> *„The peace of God is with them whose mind and soul are in harmony, who are free from desire and wrath, who know their own soul."* – The Bhagarad Gita

Was passiert bei einem Ausgleich?

Eine Behandlung ist stark stoffwechselanregend und kann die toxischen Verklebungen im Gewebe lösen. Dadurch kann es sein, dass ein Pferd nach einer Behandlung vermehrt aufs Klo gehen muss und eventuell der Urin stärker riecht. Es regt den gesamten Organismus und die Gesundung des Körpers an. Es gleicht den Körper auf allen Ebenen aus, auch auf der emotionalen Ebene. Du wirst sehen und spüren, dass dein Pferd nach einer Behandlung vollkommen anders aussieht. Es wirkt freundlicher, energiegeladener, liebevoller auf dich.

Natürlich benötigt eine Behandlung Zeit. Also gib deinem Pferd auch die Zeit, die Behandlung zu verdauen und sich neu zu sortieren. Es ist keine Lösung, jeden Tag mit deinem Pferd so zu arbeiten, denn der Prozess benötigt ausreichend Zeit. Es sind oft die Dinge, die sich im Hintergrund verändern, die am meisten Auswirkungen auf dein Pferd haben.

Durch das Handauflegen werden im Gehirn Endorphine in den Blutkreislauf ausgeschüttet. Ihre Wirkung gleicht Opiaten. Endorphine werden vom Körper produziert, um Schmerzen oder Entzündungen zu lindern, und dies hat eine wohltuende Wirkung auf den Körper deines Pferdes.

Bei chronischen Krankheiten dauert es etwas länger, bis sich deutliche Anzeichen zeigen. Hier könntest du mehrmals die Woche dein Pferd behandeln, wenn es das Bedürfnis ist von deinem Pferd. Bei Krankheiten oder schweren Verletzungen, die Boxenruhe benötigen oder dein Pferd einen längeren Heilungsprozess vor sich hat, dann kannst du sogar täglich mit deinem Pferd arbeiten.

Du kannst dein Pferd nicht überdosieren. Dein Pferd nimmt nur die Energie auf, die es wirklich benötigt. Und du wirst sehen und merken, wenn dein Pferd gerade keine Lust hat auf eine Behandlung oder es momentan keine benötigt, wird es von dir weggehen. Versuche es einfach an einem anderen Tag.

Was ein Ausgleich nicht bedeutet

- Sie ist kein Ersatz für tierärztliche Diagnosen oder Behandlungen.
- Erwarte keine Wunderheilungen, wenn dein Pferd schon seit Jahren oder Monaten chronische Probleme hat. Gut Ding braucht Weile.
- Sie ersetzt keine Medikamente, Futter oder Zusatzmittel, sondern wird als Unterstützung eingesetzt.
- Schwere Gewebe-, Muskel- oder Organschäden kann eine Behandlung nicht rückgängig machen.
- Heilbehandlungen sind kein Egotrip. Bleib am Boden der Realität. Wir haben auf nichts Zugriff. Der Anwender kann nur Impulse geben; was dein Gegenüber damit macht, liegt nicht in deiner Macht.

Leben vs. Tod

Am Todestag von Anastazya verlor ich nicht nur sie, sondern auch den Teil in mir, der ständig Angst hatte, nicht gut genug zu sein. Der ständig Angst hatte, mit den Fähigkeiten, die ich hatte, ungewünscht und ungeliebt zu sein. So schwer der Tod Anastazyas auch für mich war, er hat dennoch einen großen Umbruch in mir kreiert.

Ich sah dadurch, wie oft ich mir selbst im Weg stand. Wie oft ich mir und Anastazya die Möglichkeit genommen habe zu leben. Diese Barriere – diese Grenze – fiel mir wie Schuppen von den Augen.

Anastazya hatte einen Blinddarmdurchbruch, und es war für mich sehr schwer mit anzusehen, wie sie von Stunde zu Stunde immer mehr litt und dem Tod näherkam. In ihren Augen sah man pure Verzweiflung und Angst. Angst davor, allein zu sterben. Wir mussten warten, bis der Tierarzt kommt und sie für den Transport bereitmachte, denn allein schaffte sie es nicht mehr. Sie konnte kaum noch stehen. Immer wieder hatte sie epileptische Anfälle, fiel zu Boden, konnte nicht mehr aufstehen und hatte keine Kontrolle mehr über ihren Körper.

Ich hielt sie. Ich war einfach für sie da. Ich wusste, ich konnte nichts mehr tun, als ihr einfach nur Heilenergie zu geben. Ihr das Gefühl zu geben, sie ist nicht allein. Je mehr ich meine Hand auf sie auflegte und sie segnete, desto ruhiger wurde sie.

Sie wollte eigentlich nicht mehr in die Tierklinik, denn sie wusste, dass sie es nicht mehr schaffte. In diesen Stunden waren wir auf einer Ebene verbunden, die ich so noch nicht kannte. Wir waren eins. Ich spürte genau, was in ihrem Körper vor sich ging. Wir waren füreinander da, ohne Bedingung. So schlimm der Moment auch war, das Band der Liebe zwischen uns beiden was stärker. Sie heilte mich – und ich heilte sie. Unser gemeinsames Leben lief vor meinem inneren Auge ab. Ich sah, was ich mir selbst und ihr angetan hatte, aber auch, welches Geschenk wir für uns beide waren. Was uns verbunden hat.

Wir haben uns darauf geeinigt, in die Klinik zu fahren, und ich blieb bei ihr. Durch die Spritzen vom Tierarzt konnte sie einigermaßen stehen, und somit fuhren wir in die Tierklinik. Das war ihr letztes Versprechen an mich. Sie fuhr für mich in die Tierklinik, obwohl wir beide wussten und verstanden, dass hier unsere gemeinsame Reise endete. In der Tierklinik dauerte es nicht mehr lange, bis sie einen Herzstillstand hatte und verstarb.

Ich teile mit dir diese Geschichte, um dir zu zeigen, wie unglaublich kraftvoll solche Verbindungen sein können. Und dass der Tod nicht immer nur etwas Schlechtes bedeutet. Für mich war dies der Moment, in dem ich mich für mich entschieden habe. Für mich und meine Fähigkeiten. Mir wurde durch Anastazya bewusst, wie oft wir das Leben an uns vorbeiziehen lassen, nur das Negative sehen und dabei vergessen zu leben.

„Fang an, zu leben, Nina", waren ihre letzten Worte an mich.

Dieser Satz war wie ein Schlag ins Gesicht. Ja, sie hatte vollkommen recht. Ich hatte aufgehört zu leben. Vor lauter Dogmen, Vorschriften, Strukturen, Ansichten und Bewertungen. Ich hatte aufgehört zu sein und mir selbst nicht erlaubt, das Leben zu genießen. Das Leben fließen zu lassen. Mir selbst mit offenem Herzen zu begegnen.

Vor lauter Angst, mich mit allem, was ich bin, zu zeigen, habe ich meine innerliche Kreativität und meine Lebenslust unterdrückt und uns beide daran gehindert, unser volles Potenzial zu entfalten.

Wer soll mir denn erlauben zu leben, wenn ich es mir selbst nicht erlaube? Wenn ich mir selbst mein Leben mit meinen destruktiven, eiskalten Gedanken schwermache. Ich kann nicht mehr warten, bis jemand kommt, um mich zu retten. Mir zu zeigen, wohin ich gehen soll – und welche Entscheidungen ich treffen soll. Nein, ich muss mich selbst erleben. Ich darf mir erlauben, mit dem, was ich bin, durchs Leben zu gehen. Das Leben ist endlich. Lass also deinen Platz in diesem Universum nicht frei. Dieser Platz ist für dich bestimmt. Bist du nicht bereit, deinen Platz einzunehmen, tut es keiner.

Erlaube dir, dich mit dem Raum des Seins, der du wahrhaftig bist, zu committen, dich zu lieben, zu ehren und jeden Tag dein Bestes zu geben. Deinen innerlichen Kampf aufzugeben und dich für den Moment zu öffnen.

Dein Leben wird sich durch diese Behandlung auf eine Art und Weise verändern, die du zuvor nicht für möglich hieltest. Du wirst dein Umfeld und dich selbst mit anderen Augen sehen und dich viel mehr auf das Hier und Jetzt fokussieren können. Du wirst dich auf einer anderen Ebene mit deinem Umfeld verständigen und generell viel ruhiger und entspannter sein. Du wirst dich für das Leben öffnen und deine Handlungen, dein Wirken hinterfragen. Es kann sein, dass du sehen wirst, dass du eine Wirkung hast auf dieser Erde, und du nun deinen Platz hier einnimmst. Du wirst dich spirituell weiterentwickeln und dich an neue Ufer aufmachen, und vor allem wirst du eine tiefe Verbundenheit zu dir selbst, zu deinem Pferd und zu deinem Leben aufbauen. Und auch du wirst heilen – auf allen Ebenen.

Ich danke dir vielmals, dass du über den Tellerrand blickst und dich für das öffnest, was „nicht direkt sichtbar" ist.

Ich bedanke mich bei allen, die mich auf meinem Weg unterstützt haben. Meinen Weg zu mir selbst. Ich danke meinen Pferden, die stets für mich da waren und mir gezeigt haben, wie wertvoll jeder einzelne Moment in unserem Leben ist. Vor allem den Pferden möchte ich danken, denn sie haben mir gezeigt, was es heißt zu leben – mit allem, was man ist. Sie waren die, bei denen ich mich geborgen und sicher fühlte. Sie gaben mir die Kraft und meine Stärke zurück und zeigten mir, wo ich noch an mir selbst arbeiten durfte.

Danke an meinen Mann Armin, der stets an meiner Seite ist und mir, auch wenn ich noch so kuriose Ideen habe, zu mir hält und mich aufmuntert, wenn ich keinen Ausweg mehr finde.
Ich danke meinen Kindern, die mir jeden Tag aufs Neue zeigen, dass Spaß und Freude uns lebhafter machen und dass wir

uns als Erwachsene das Leben oft schwerer machen, als es sein muss. Ihre Liebe ist unendlich und bedingungslos und dafür möchte ich ihnen von ganzem Herzen danken.

Ich möchte mich auch bei all meinen Klienten bedanken. An all die wundervollen Menschen, die mich begleiten und mich immer wieder bereichern und wachsen lassen. Ohne euch könnte ich meine Erfahrungen nicht teilen und dieses Buch schreiben.

Quellenverzeichnis

- Margret Coates – Pferde heilen
- Barbara Flegel – Seelenflüstern mit Tieren
- Nina Foditsch – Ganzheitliches Pferdewissen
- Bahar Yilmaz – Chakras Project
- Christian Kobau – Bodybalance

Die Inhalte dieses Buches dienen ausschließlich der Inspiration und stellen keine medizinische, psychologische oder rechtliche Beratung dar. Der Autor übernimmt keine Haftung für mögliche Konsequenzen, die sich aus der Umsetzung der dargestellten Inhalte ergeben.

EIN HERZ FÜR AUTOREN A HEART FOR AUTHORS À L'ÉCOUTE DES AUTEURS MIA KAPΔIA ΓIA ΣYΓГР
HJÄRTA FÖR FÖRFATTARE UN CORAZÓN POR LOS AUTORES YAZARLARIMIZA GÖNÜL VERELIM SZÍ
CUORE PER AUTORI ET HJERTE FOR FORFATTERE EEN HART VOOR SCHRIJVERS TEMOS OS AUTO
SERCEM ZÖINKÉRT SERCE DLA AUTORÓW EIN HERZ FÜR AUTOREN A HEART FOR AUTHORS À L'ÉCOUT
AUTEURS MIA KAPΔIA ΓIA ΣYГГΡАΦЕІΣ UN CUORE PER AUTORI ET HJERTE FOR FORFATTERE EEN H
YAZARLARIMIZA G VER SZÖINKÉRT SERCE DLA AUTORÓW EIN HERZ FÜR
VOOR SCHRIJVERS TEMOS OS AUTORES DEDICAÇÃO BCEЙ ДУШОЙ K ABTOPAM ETT HJÄRTA FÖF

Die Autorin

Nina Foditsch wurde 1992 in der Steiermark (Österreich) geboren und hat die Handelsakademie be-
sucht. Danach hat sie sich ganz ihrer Leidenschaft
für Tiere, insbesondere Pferde, hingegeben und ist
seit 2020 vollberufliche Cranio Sacral Praktikerin
Kinesiologin. Sie ist auch als Medium und Tier-
kommunikatorin tätig. Sie nahm schon als Kind
Energien wahr, die anderen verborgen blieben, und
nutzt diese Gabe, um Mensch und Tier individuell
zu begleiten. In Workshops und im Umgang mit
ihren Klienten stehen Empathie, Feinfühligkeit und
Achtsamkeit an erster Stelle. Auch in ihrer Freizeit
sucht Nina Foditsch Tiere und die Natur: Wandern,
Reiten und Tanzen zählen zu ihren liebsten Be-
schäftigungen. Sie ist verlobt und Mutter von zwei
Söhnen.

KÖRPERGSPIAR
FÜR MENSCH UND TIER

Der Verlag

> *Wer aufhört*
> *besser zu werden,*
> *hat aufgehört*
> *gut zu sein!*

Basierend auf diesem Motto ist es dem novum Verlag ein Anliegen, neue Manuskripte aufzuspüren, zu veröffentlichen und deren Autoren langfristig zu fördern. Mittlerweile gilt der 1997 gegründete und mehrfach prämierte Verlag als Spezialist für Neuautoren in Deutschland, Österreich und der Schweiz.

Für jedes neue Manuskript wird innerhalb weniger Wochen eine kostenfreie, unverbindliche Lektorats-Prüfung erstellt.

Weitere Informationen zum Verlag und seinen Büchern finden Sie im Internet unter:

www.novumverlag.com